중국어
독해
실습

中國語讀解實習

王葆华 · 송영규 편저
张庆 녹음

www.shinasa.co.kr
음성파일
MP3
무료다운로드

www.shinasa.co.kr
공지사항 → 자료실

신아사

王葆华

复旦大学中文系汉语言文字学博士
华南师范大学国际文化学院教授
曾任(韩国)大田大学中文系原语民教授

송영규

고려대학교 중어중문학과 학사
중국 复旦大学 중문학과 현대중국어문법 석·박사
중국 复旦大学 우수박사논문상 수상(2005)
대전대학교 국제언어학과 중국언어문화전공 교수

张庆

中国传媒大学中国播音学博士
深圳大学艺术学部副教授
戏剧影视学硕士生导师
曾任(英国)伦敦南岸大学和(韩国)大田大学访问学者

중국어독해실습

초판 발행 _ 2020년 6월 30일

편 저 자 • 王葆华 · 송영규
발 행 인 • 정 현 걸
발　　행 • 신 아 사
인　　쇄 • 한승인쇄
주　　소 • 서울시 은평구 통일로 59길 4(2F)
전　　화 • 02)382-6411 · 팩스 02)382-6401
홈페이지 • www.shinasa.co.kr
E-MAIL • shinasa@daum.net
출판등록 • 1956년 1월 5일 (제9-52호)

ISBN 978-89-8396-395-6(93720)

정가 18,000원

머리말

본 교재는 중국어를 6개월 이상 학습하여, 기초적인 지식을 갖춘 학습자를 대상으로 편저되었으며, 초급 수준의 현대 중국어 문장을 바르게 읽고·해석하는 능력을 배양하는 것을 목적으로 하고 있습니다.

본 교재는 다음과 같은 특징이 있습니다.

1. 본 교재는 12과, 24개 본문, 10개 문법특강으로 구성되어 있습니다. 매과는 '본문', '새로나온 단어', '주석', '연습문제', '문법특강'으로 구성되어 있습니다.
   본문 (一)의 분량은 192~247字, 본문 (二)의 분량은 406~519字입니다. 매과의 첫 문장은 비교적 짧은 문장이고, 둘째 문장은 비교적 긴 문장으로 배치하여, 점진적으로 학습량이 많아지도록 배려하였습니다.

2. 한 과에 두 개의 본문이 있으며, 본문은 모두 2010년 이후(6과 (一) 제외)의 최신 문장으로서, 현대 중국의 상황을 잘 보여주고 있습니다. 최신 중국을 이해하고, 현대 중국어 독해 능력을 높이는데 도움을 줄 수 있는 본문으로 선별하였습니다.

3. 기초 단어를 제외한 최대한 많은 단어를 '새로운 단어'에서 설명함으로써, 사전을 일일이 찾는 번거로움에서 벗어날 수 있도록 하였습니다. hsk4~5급을 준비하는 학생이라면 매우 유익할 것이라고 생각됩니다.

4. 본 저서의 편저자는 모두 현대중국어문법 전공자로서, 문법의 가려운(어려운) 부분을 해결해 줄 수 있는 '문법특강'을 마련하였습니다. 총 10개 주제에 대한 '문법특강'을 각 과의 뒤에 배치하여, 본 교재에 실린 '문법특강'을 마스터하면, 초급과 중급 수준의 필수 문법 지식을 마스터할 수 있도록 배려하였습니다.

집필 과정에서 자료정리의 노고를 아끼지 않은 北京大学 송지원 석사생과 大连外大 이우찬 석사생에 감사하며, 신아사 정현걸 대표님과 한규갑 상무님, 그리고 편집진 모두에게 심심한 謝意의 말씀을 드립니다.

'중국어독해실습'의 발전을 위해서 본 책을 이용하시는 선생님과 학습자 여러분들의 귀한 의견을 기대합니다. 감사합니다.

王葆华·송영규

CONTENTS

이 책의 구성

본문 (一)의 분량은 192~247字, 본문 (二)의 분량은 406~519字입니다. 매과의 첫 문장은 비교적 짧은 문장이고, 둘째 문장은 비교적 긴 문장으로 배치하여, 점진적으로 학습량이 많아지도록 배려하였습니다.

한과에 두 개씩 배치한 본문은 모두 2010년 이후(6과 (一) 제외)의 최신 문장으로서, 현대 중국의 상황을 잘 보여주고 있습니다. 최신 중국을 이해하고, 현대 중국어 독해 능력을 높이는데 도움을 줄 수 있는 본문으로 선별하였습니다.

기초 단어를 제외한 최대한 많은 단어를 '새로운 단어'에서 설명함으로써, 사전을 일일이 찾는 번거로움에서 벗어날 수 있도록 하였습니다. hsk4~5급을 준비하는 학생이라면 매우 유익할 것이라고 생각됩니다.

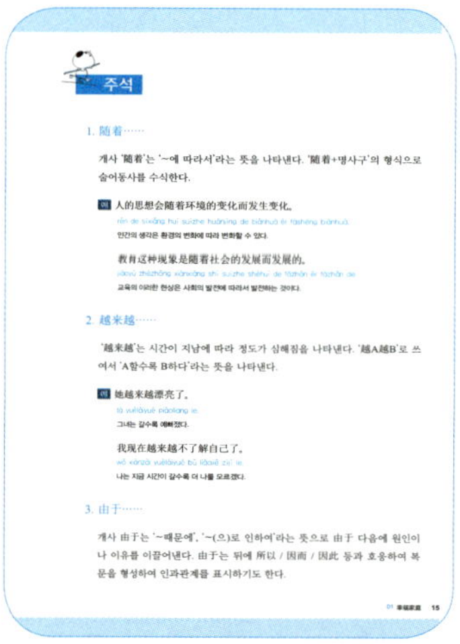

본문에 나오는 표현 중에서 문법적으로 설명이 필요한 부분이나, 명확한 해석을 위해 추가설명이 필요한 부분에 대해서 자세히 설명하는 부분입니다. 예를 두 개씩 들어서 이해를 돕고 있습니다.

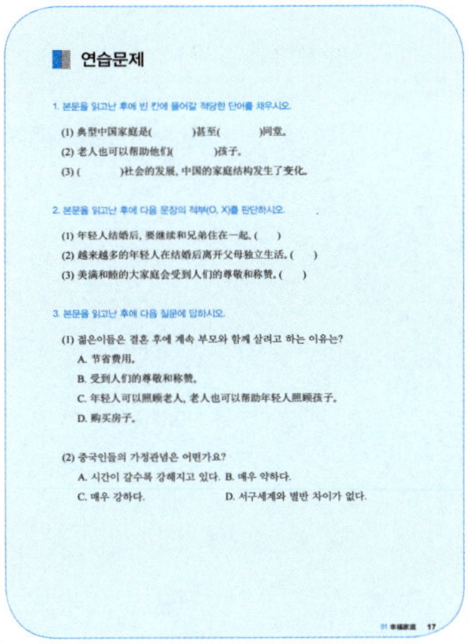

연습문제

1. 본문을 읽고난 후에 빈 칸에 들어갈 적당한 단어를 채우시오.

(1) 典型中国家庭是(　　　)甚至(　　　)同堂。
(2) 老人也可以帮助他们(　　　)孩子。
(3) (　　　)社会的发展，中国的家庭结构发生了变化。

2. 본문을 읽고난 후에 다음 문장의 적부(O, X)를 판단하시오.

(1) 年轻人结婚后，要继续和兄弟住在一起。(　)
(2) 越来越多的年轻人在结婚后离开父母独立生活。(　)
(3) 美满和睦的大家庭会受到人们的尊敬和称赞。(　)

3. 본문을 읽고난 후에 다음 질문에 답하시오.

(1) 젊은이들은 결혼 후에 계속 부모와 함께 살려고 하는 이유는?
A. 节省费用。
B. 受到人们的尊敬和称赞。
C. 年轻人可以照顾老人，老人也可以帮助年轻人照顾孩子。
D. 购买房子。

(2) 중국인들의 가정관념은 어떤가요?
A. 시간이 갈수록 강해지고 있다. B. 매우 약하다.
C. 매우 강하다. D. 서구세계와 별반 차이가 없다.

01 幸福家庭 17

본문의 이해 정도를 체크하기 위해서 연습문제를 배치하였습니다. 학습자가 부담을 갖지 않고, 풀어볼 수 있도록 문제의 수량과 난이도를 조절하였고, 교재 뒷편에 해답을 제시하였습니다.

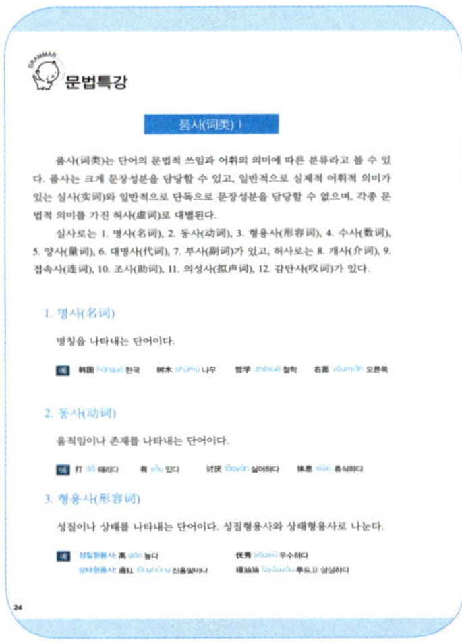

GRAMMAR

문법특강

품사(词类) I

품사(词类)는 단어의 문법적 쓰임과 어휘의 의미에 따른 분류라고 볼 수 있다. 품사는 크게 문장성분을 담당할 수 있고, 일반적으로 실제적 어휘적 의미가 있는 실사(实词)와 일반적으로 단독으로 문장성분을 담당할 수 없으며, 각종 문법적 의미를 가진 허사(虚词)로 대별된다.

실사로는 1. 명사(名词), 2. 동사(动词), 3. 형용사(形容词), 4. 수사(数词), 5. 양사(量词), 6. 대명사(代词), 7. 부사(副词)가 있고, 허사로는 8. 개사(介词), 9. 접속사(连词), 10. 조사(助词), 11. 의성사(拟声词), 12. 감탄사(叹词)가 있다.

1. 명사(名词)

명칭을 나타내는 단어이다.

예 韩国 hánguó 한국　树木 shùmù 나무　哲学 zhéxué 철학　右面 yòumiàn 오른쪽

2. 동사(动词)

움직임이나 존재를 나타내는 단어이다.

예 打 dǎ 때리다　有 yǒu 있다　讨厌 tǎoyàn 싫어하다　休息 xiūxi 휴식하다

3. 형용사(形容词)

성질이나 상태를 나타내는 단어이다. 성질형용사와 상태형용사로 나눈다.

예 성질형용사: 高 gāo 높다　优秀 yōuxiù 우수하다
상태형용사: 通红 tōnghóng 선홍빛이나　绿油油 lǜyóuyóu 푸르고 싱싱하다

24

문법의 가려운(어려운) 부분을 해결해 줄 수 있는 '문법특강'을 마련하였습니다. 총 10개 주제에 대한 '문법특강'을 각 과의 뒤에 배치하여, 본 교재에 실린 '문법특강'을 마스터하면, 초급과 중급 수준의 필수 문법 지식을 마스터할 수 있도록 배려하였습니다.

중국어
독해
실습

中國語讀解實習

01

幸福家庭

(一) 中国人的家庭观念

중국인의 가정관념

(二) 幸福的一家

행복한 집

(一) 中国人的家庭观念

中国人的家庭观念很强。过去，典型中国家庭是三代
Zhōngguórén de jiātíng guānniàn hěn qiáng. Guòqù, diǎnxíng zhōngguó jiātíng shì sāndài

甚至四代同堂，全家老小十多口人。年轻人结婚后，要继续和
shènzhì sìdài tóngtáng, quánjiā lǎoxiǎo shíduō kǒurén. Niánqīngrén jiéhūn hòu, yào jìxù hé

父母住在一起，这样他们可以照顾老人，老人也可以帮助
fùmǔ zhùzài yìqǐ, zhèyang tāmen kěyǐ zhàogù lǎorén, lǎorén yě kěyǐ bāngzhù

他们照顾孩子。尊老爱幼是中国人的传统美德。美满和睦的
tāmen zhàogù háizi. Zūnlǎoàiyòu shì zhōngguórén de chuántǒng měide. Měimǎn hémù de

大家庭会受到人们的尊敬和称赞。
dàjiātíng huì shòudào rénmen de zūnjìng hé chēngzàn.

随着社会的发展，中国的家庭结构发生了变化。越来越
Suízhe shèhuì de fāzhǎn, zhōngguó de jiātíng jiégòu fāshēng le biànhuà. Yuèláiyuè

多的年轻人在结婚后离开父母独立生活，但每逢节假日都要
duō de niánqīngrén zài jiéhūn hòu líkāi fùmǔ dúlì shēnghuó, dàn měiféng jiéjiàrì dōu yào

去看望父母。当父母由于生病或年纪大不能独立生活后，子女
qù kànwàng fùmǔ. Dāng fùmǔ yóuyú shēngbìng huò niánjì dà bùnéng dúlì shēnghuó hòu, zǐnǚ

会把父母接到自己的家中照顾。(207字)
huì bǎ fùmǔ jiēdào zìjǐ de jiāzhōng zhàogù.

새로운 단어

家庭	jiātíng	(명) 가정
观念	guānniàn	(명) 관념, 생각
典型	diǎnxíng	(명) 전형 (형) 대표적인, 전형적인
甚至	shènzhì	(부) 심지어 …까지도, …조차도 (뒤에 **都**、**也**를 동반) (접) 더욱이, 심지어, 특히
同堂	tóngtáng	(동) 일족이 함께 살다. (명) 동창, 동문
结婚	jiéhūn	(동) 결혼하다
继续	jìxù	(동) 계속하다 (명) 계속
照顾	zhàogù	(동) 돌보다, 보살펴 주다, 배려하다
帮助	bāngzhù	(동) 돕다, 원조하다, 보좌하다 (명) 도움, 원조
尊老爱幼	zūnlǎo àiyòu	(성) 노인을 존경하고, 어린이를 사랑하다
传统	chuántǒng	(명) 전통
美满	měimǎn	(형) 아름답고 원만하다
和睦	hémù	(형) 화목하다.
尊敬	zūnjìng	(동) 존경하다 (명) 존경
称赞	chēngzàn	(동) 칭찬하다 (명) 칭찬
社会	shèhuì	(명) 사회
发展	fāzhǎn	(동) 발전하다 (명) 발전
结构	jiégòu	(명) 구성, 구조, 조직
离开	likai	(동) 떠나다, 벗어나다
独立	dúlì	(동) 독립하다 (명) 독립
生活	shēnghuó	(동) 생활하다 (명) 생활
看望	kànwàng	(동) 방문하다, 문안하다
接到	jiēdào	(동) 받다, 입수하다

주석

1. 随着……

개사 '随着'는 '~에 따라서'라는 뜻을 나타낸다. '随着+명사구'의 형식으로 술어동사를 수식한다.

예 人的思想会随着环境的变化而发生变化。

rén de sīxiǎng huì suízhe huánjìng de biànhuà ér fāshēng biànhuà.

인간의 생각은 환경의 변화에 따라 변화할 수 있다.

教育这种现象是随着社会的发展而发展的。

jiàoyù zhèzhǒng xiànxiàng shì suízhe shèhuì de fāzhǎn ér fāzhǎn de.

교육의 이러한 현상은 사회의 발전에 따라서 발전하는 것이다.

2. 越来越……

'越来越'는 시간이 지남에 따라 정도가 심해짐을 나타낸다. '越A越B'로 쓰여서 'A할수록 B하다'라는 뜻을 나타낸다.

예 她越来越漂亮了。

tā yuèláiyuè piàoliang le.

그녀는 갈수록 예뻐졌다.

我现在越来越不了解自己了。

wǒ xiànzài yuèláiyuè bù liǎojiě zìjǐ le.

나는 지금 시간이 갈수록 더 나를 모르겠다.

3. 由于……

개사 由于는 '~때문에', '~(으)로 인하여'라는 뜻으로 由于 다음에 원인이나 이유를 이끌어낸다. 由于는 뒤에 所以 / 因而 / 因此 등과 호응하여 복문을 형성하여 인과관계를 표시하기도 한다.

예 他由于感冒引起了肺炎。

tā yóuyú gǎnmào yǐnqǐ le fèiyán.

그는 감기로 인해 폐렴이 걸렸다.

由于女生发育比男生早, 初中学生的体型发展常常是不协调的。

yóuyú nǚshēng fāyù bǐ nánshēng zǎo, chūzhōng xuésheng de tǐxíng fāzhǎn chángcháng shì bù xiétiáo de.

여학생의 발육이 남학생보다 이른 탓에 중학생의 체형 변화는 종종 불균형적이다.

연습문제

1. 본문을 읽고 난 후에 빈 칸에 들어갈 적당한 단어를 채우시오.

(1) 典型中国家庭是(   )甚至(   )同堂。

(2) 老人也可以帮助他们(   )孩子。

(3) (   )社会的发展, 中国的家庭结构发生了变化。

2. 본문을 읽고 난 후에 다음 문장의 적부(O, X)를 판단하시오.

(1) 年轻人结婚后, 要继续和兄弟住在一起。(   )

(2) 越来越多的年轻人在结婚后离开父母独立生活。(   )

(3) 美满和睦的大家庭会受到人们的尊敬和称赞。(   )

3. 본문을 읽고 난 후에 다음 질문에 답하시오.

(1) 젊은이들은 결혼 후에 계속 부모와 함께 살려고 하는 이유는?

A. 节省费用。

B. 受到人们的尊敬和称赞。

C. 年轻人可以照顾老人, 老人也可以帮助年轻人照顾孩子。

D. 购买房子。

(2) 중국인들의 가정관념은 어떤가요?

A. 시간이 갈수록 강해지고 있다. B. 매우 약하다.

C. 매우 강하다. D. 서구세계와 별반 차이가 없다.

(二) 幸福的一家

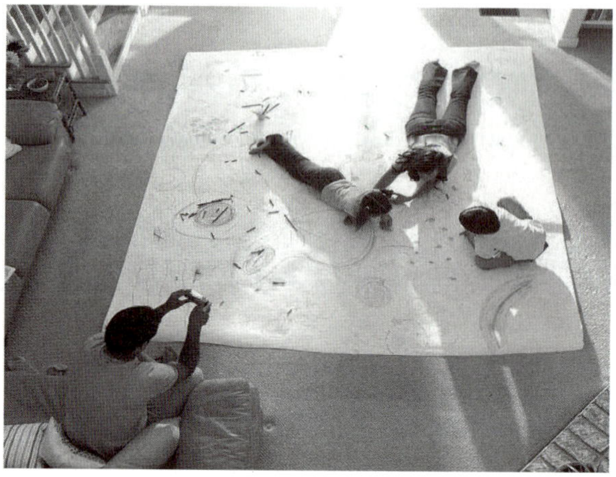

提到赵成、张云这对夫妻，认识他们的邻居都会流露出
Tídào Zhàochéng、Zhāngyún zhè duì fūqī, rènshi tāmen de línjū dōu huì liúlù chū
羡慕的眼神。羡慕不是因为他们住多大的房，每月有多高的
xiànmù de yǎnshén. Xiànmù búshì yīnwèi tāmen zhù duō dà de fáng, měiyuè yǒu duō gāo de
收入，而是因为夫妻俩二十来年同甘苦，相互帮扶，对老人孝
shōurù, érshì yīnwèi fūqī liǎ èrshí láinián tóng gānkǔ, xiānghù bāngfú, duì lǎorén xiào
敬，对女儿爱护有加，与邻里和睦相处。
jìng, duì nǚér àihù yǒu jiā, yǔ línlǐ hémù xiāngchǔ.

什么是幸福家庭，每个人都有自己的不同理解。赵成觉
Shénme shì xìngfú jiātíng, měi ge rén dōu yǒu zìjǐ de bù tóng lǐjiě. Zhàochéng jué
得，一个家庭，是一个从无到有、从小到大的过程，这个过程
de, yíge jiātíng, shì yíge cóng wú dào yǒu、cóngxiǎo dào dà de guòchéng, zhège guòchéng
必须依靠全家人共同经营。这种经营不仅是指物质上的，更
bìxū yīkào quánjiā rén gòngtóng jīngyíng. Zhè zhǒng jīngyíng bùjǐn shìzhǐ wùzhì shàng de, gèng
多的是精神上的，比如：培养共同的兴趣、爱好，营造良好的
duō de shì jīngshén shàng de, bǐrú: péiyǎng gòngtóng de xìngqù、àihào, yíngzào liánghǎo de
家庭氛围。这当中包括父母如何与孩子相处，对孩子如何进
jiātíng fēnwéi. zhè dāngzhōng bāokuò fùmǔ rúhé yǔ háizi xiāngchǔ, duì háizi rúhé jìn

行教育。他们的女儿已经高中三年级了，虽然学习繁忙，但是
xíng jiàoyù. tāmén de nǚér yǐjīng gāozhōng sān niánjí le, suīrán xuéxí fánmáng, dànshì

课余时间还能帮父母分担家务，与父母谈心，这就是长期保
kèyú shíjiān hái néng bāng fùmǔ fēndān jiāwù, yǔ fùmǔ tánxīn, zhè jiù shì chángqī bǎo

持良好沟通渠道的结果。所以作为家长不能只关心孩子的
chí liánghǎo gōutōng qúdào de jiéguǒ. Suǒyǐ zuòwéi jiāzhǎng bùnéng zhǐ guānxīn háizi de

学习成绩，更应该关心孩子的精神需求。
xuéxí chéngjì, gèng yīnggāi guānxīn háizi de jīngshén xūqiú.

赵成夫妻俩觉得，家可以不是富裕的，但一定要温馨。
Zhàochéng fūqī liǎ juéde, jiā kěyǐ búshì fùyù de, dàn yídìng yào wēnxīn.

“家和万事兴”，一个和睦的家庭，是因为每个家庭成员真诚
“jiā hé wànshì xīng”, yíge hémù de jiātíng, shì yīnwèi měige jiātíng chéngyuán zhēnchéng

待人、互敬互爱。相识是一种缘分，而能在同一屋檐下共度
dàirén, hùjìng hù ài. xiāngshí shì yìzhǒng yuánfèn, ér néng zài tóngyī wūyán xià gòngdù

一生，则是上辈子修来的缘分。赵成与张云的家庭是一个平
yìshēng, zéshì shàngbèizi xiū lái de yuánfèn. Zhàochéng yǔ Zhāngyún de jiātíng shì yíge píng

凡家庭，但他们对家庭幸福的理解和定义却值得我们学习。
fán jiātíng, dàn tāmen duì jiātíng xìngfú de lǐjiě hé dìngyì què zhídé wǒmen xuéxí.

(450字)

作者：夏苗 稿源：每日甘肃网-兰州晨报，

网址：http://gansu.gansudaily.com.cn/system/2013/11/08/014753045.shtml

새로운 단어

流露	liúlù	(동) 숨김없이 사실대로 나타내다
羡慕	xiànmù	(동) 부러워하다
收入	shōurù	(동) 받다, 받아들이다, (명) 수입, 소득
帮扶	bāngfú	(동) 도와 주다
爱护	àihù	(동) 애호하다
理解	lǐjiě	(동) 이해하다, (명) 이해
从无到有	cóng wú dào yǒu	(성) 무(無)에서 유(有)를 창조하다
依靠	yīkào	(동) 의지하다, 기대다
经营	jīngyíng	(동) 경영하다
培养	péiyǎng	(동) 배양하다, 양성하다
营造	yíngzào	(동) 영조하다, 집을 짓다
氛围	fēnwéi	(명) 분위기, 공기
如何	rúhé	(대) 어떻게, 어떠한가, 어째서
相处	xiāngchǔ	(동) 함께 살다
繁忙	fánmáng	(형) 번거롭고 바쁘다
家务	jiāwù	(명) 가사, 집안일
精神	jīngshén	(명) 정신
需求	xūqiú	(동) 요구되다, (명) 수요
富裕	fùyù	(형) 부유하다, (동) 부유하게 하다
温馨	wēnxīn	(형) 온화하고 향기롭다
定义	dìngyì	(명) 정의
值得	zhídé	(동) …할 만한 가치가 있다

주석

1. 不是A, 而是B

'A가 아니라 B이다'라는 뜻으로, A를 부정하고 B를 긍정하면서 대비할 때 쓰인다. 병렬관계를 표현하는 복문을 형성한다.

예 人们当然能看明白那不是一头牛而是一只狗。

rénmen dāngrán néng kàn míngbai nà bùshì yìtóu niú érshì yìzhī gǒu.

사람들은 당연히 저것은 소가 아니라 개임을 보아서 알 수 있었다.

他的学生不是日本人而是租界的英美人。

tā de xuésheng bùshì rìběnrén érshì zūjiè de yīngměi rén.

그의 학생은 일본인이 아니라 조계지의 영미인이다.

2. 不仅……

접속사 不仅은 '~일뿐 아니라'의 뜻으로 쓰인다. 뒷절(주절)이 앞절(종속절)보다 정도가 심해짐을 나타낸다(점층복문).

예 这不仅是我们班上的事, 也是学校的事。

zhè bùjǐn shì wǒmen bān shàng de shì, yě shì xuéxiào de shì.

이는 우리반만의 일이 아니라, 학교의 문제이기도 하다.

你不仅要早起, 而且须要七点前出门。

nǐ bùjǐn yào zǎoqǐ, érqiě xūyào qīdiǎn qián chūmén.

너는 일찍 일어나야 할 뿐 아니라, 7시 전에 나가야만 한다.

3. 虽然A, 但是B

‘비록 A일지라도 B하다.’라는 뜻으로 앞절(종속절)과 뒷절(주절)이 나타내는 사실은 일치하지 않고 상대적이거나 상반된다. 즉, 전환 관계를 표현한다. 虽然은 尽管과 但是는 可是와 바꾸어 쓸 수 있다.

예 脑的重量增加虽然有限, 但是脑的神经纤维在增长, 脑的功能日趋复杂化。

nǎo de zhòngliàng zēngjiā suīrán yǒuxiàn, dànshì nǎo de shénjīngxiānwéi zài zēngzhǎng, nǎo de gōngnéng rìqū fùzáhuà.

뇌 무게의 증가는 비록 유한적이지만, 뇌 신경섬유의 증가에 따라 뇌 기능은 나날이 복잡해진다.

义务教育虽然也进行一定的职业教育和职业思想教育, 但是这不是主要的。

yìwù jiàoyù suīrán yě jìnxíng yídìng de zhíyè jiàoyù hé zhíyè sīxiǎng jiàoyù, dànshì zhè bùshì zhǔyào de.

의무교육에서 비록 일정한 직업교육과 직업사상교육을 진행한다 하여도, 이는 주요한 부분이 아니다.

연습문제

1. 본문을 읽고 난 후에 빈 칸에 들어갈 적당한 단어를 채우시오.

(1) (　　　　)学习繁忙, (　　　　)课余时间还能帮父母分担家务。

(2) (　　　　)老人孝敬, (　　　　)女儿爱护有加, 与邻里和睦相处。

(3) “(　　　　)”, 一个和睦的家庭, 是因为每个家庭成员真诚待人、互敬互爱。

2. 본문의 내용에 근거하여 다음 질문에 대한 답을 고르시오.

(1) 짜오청, 짱윈 부부는 결혼한지 얼마나 되었는가? (　　)

A. 10여 년　　B. 15여 년

C. 30여 년　　D. 20여 년

(2) 저자는 가장이 아이의 어떤 부분에 가장 관심을 가져야 한다고 보았는가? (　　)

A. 学习成绩　　B. 物质上的东西

C. 精神需求　　D. 开发能力

(3) 짜오청, 짱윈 부부의 딸에 대한 바른 설명은? (　　)

A. 初中3年级　　B. 高中3年级

C. 高中2年级　　D. 高中1年级

3. 본문을 읽고 난 후에 다음 문장의 적부(O, X)를 판단하시오.

(1) 赵成觉得, 一个家庭, 是一个从无到有、从小到大的过程。(　　)

(2) 赵成夫妻俩觉得, 家可以不是和睦相处的, 但一定要有钱。(　　)

(3) 赵成与张云对家庭幸福的理解和定义却值得我们学习。(　　)

문법특강

품사(词类) I

품사(词类)는 단어의 문법적 쓰임과 어휘의 의미에 따른 분류라고 볼 수 있다. 품사는 크게 문장성분을 담당할 수 있고, 일반적으로 실제적 어휘적 의미가 있는 실사(实词)와 일반적으로 단독으로 문장성분을 담당할 수 없으며, 각종 문법적 의미를 가진 허사(虚词)로 대별된다.

실사로는 1. 명사(名词), 2. 동사(动词), 3. 형용사(形容词), 4. 수사(数词), 5. 양사(量词), 6. 대명사(代词), 7. 부사(副词)가 있고, 허사로는 8. 개사(介词), 9. 접속사(连词), 10. 조사(助词), 11. 의성사(拟声词), 12. 감탄사(叹词)가 있다.

1. 명사(名词)

명칭을 나타내는 단어이다.

예 韩国 hánguó 한국　树木 shùmù 나무　哲学 zhéxué 철학　右面 yòumiàn 오른쪽

2. 동사(动词)

움직임이나 존재를 나타내는 단어이다.

예 打 dǎ 때리다　有 yǒu 있다　讨厌 tǎoyàn 싫어하다　休息 xiūxi 휴식하다

3. 형용사(形容词)

성질이나 상태를 나타내는 단어이다. 성질형용사와 상태형용사로 나눈다.

예 성질형용사: 高 gāo 높다　优秀 yōuxiù 우수하다
상태형용사: 通红 tōnghóng 진홍빛이다　绿油油 lǜyōuyōu 푸르고 싱싱하다

4. 수사(数词)

수를 나타내는 단어이다. 숫자의 大小를 나타내는 기수와 순서의 先后를 나타내는 서수가 있다.

예 기수: 零 líng 영, 0　　七 qī 일곱　　十 shí 열
서수: 第五 dìwǔ 다섯 번째　　第十 dìshí 열 번째　　第五十八 dìwǔshíbā 쉰 여덟째

5. 양사(量词)

사람·사물이나 동작의 수량단위를 나타내는 단어이다. 명사의 수량단위를 표현하는 명량사와 동작의 수량단위를 표현하는 동량사가 있다.

예 명량사: 个 gè 개, 명　　本 běn 권　　张 zhāng 장
동량사: 次 cì 번, 횟수　　回 huí 회, 번, 차례　　遍 biàn 번, 회

6. 대명사(代词)

분류하거나, 대신하여 칭하는 단어이다. 인칭대명사, 지시대명사, 의문대명사가 있다.

예 인칭대명사: 我 wǒ 나　　我们 wǒmen 우리　　你 nǐ 너
지시대명사: 这 zhè 이것　　那 nà 그것　　这儿 zhèr 이것
의문대명사: 什么 shén me 무엇　　哪里 nǎ lǐ 어디, 어느 곳　　怎么 zěn me 어떻게, 어째서

7. 부사(副词)

동사 혹은 형용사를 수식하는 단어이며, 일반적으로 문장내에서 부사어를 담당한다. 부사가 의미하는 것으로는 범위, 성질이나 상태, 시간, 정도, 빈도, 긍정이나 부정, 어기 등이 있다.

예 都 dōu 모두　　立刻 lì kè 즉시, 곧　　不 bù 부정을 표시, '~이 아니다'　　很 hěn 매우, 대단히

02

大学生活

(一) 怎样"读"大学

어떻게 대학공부를 할까

(二) 珍惜大学时光

대학시절을 소중히 여기다

(一) 怎样“读”大学

　　在许多即将步入大学校园的新生眼里，大学生活应该充
Zài xǔduō jíjiāng bùrù dàxué xiàoyuán de xīnshēng yǎnlǐ, dàxué shēnghuó yīnggāi chōng

满丰富多彩的活动，但也有人认为读大学就应该好好学习。
mǎn fēngfùduōcǎi de huódòng, dàn yě yǒurén rènwéi dú dàxué jiù yīnggāi hǎohāo xuéxí.

对此，学长们建议新生：学习是大学生活的一部分，但不是全部。
Duì cǐ, xuézhǎngmen jiànyì xīnshēng: xuéxí shì dàxué shēnghuó de yíbùfen, dàn bú shì quánbù.

　　由于大一学习压力不大，新生应该多参加学生社团活动，
Yóuyú dà yī xuéxí yālì bú dà, xīnshēng yīnggāi duō cānjiā xuésheng shètuán huódòng,

多结识朋友，在活动中对自己的性格、能力以及未来规划有
duō jiéshí péngyou, zài huódòng zhōng duì zìjǐ de xìnggé, nénglì yǐjí wèilái guīhuà yǒu

一个初步明确的认识，但一定不要耽误专业课程学习。大二
yíge chūbù míngquè de rènshi, dàn yídìng búyào dānwù zhuānyè kèchéng xuéxí. Dà èr

大三应投入更多精力在学习上，为自己争取到一张漂亮的
dà sān yīng tóurù gèng duō jīnglì zài xuéxí shàng, wèi zìjǐ zhēngqǔ dào yī zhāng piàoliàng de

成绩单。大四阶段，大学生对自己未来的规划已经成型，为就业
chéngjìdān. Dà sì jiēduàn, dàxuéshēng duì zìjǐ wèilái de guīhuà yǐjīng chéngxíng, wèi jiùyè

而做出努力。只有有计划、多历练，才能从容不迫地“读”好
ér zuòchū nǔlì. Zhǐyǒu yǒu jìhuà, duō lìliàn, cái néng cóngróngbúpò de "dú" hǎo

大学。(239字)
dàxué.

作者: 吴昊、孟含琪 来源: 新华网
网址: http: // www.jl.xinhuanet.com / 2012jlpd / 2013-08 / 24 / c_117074893.htm

새로운 단어

许多	xǔduō	(형) 대단히 많은 (주로 형용사 뒤에 쓰여 보어로써 "꽤", "상당히" 등의 뜻을 나타낸다)
即将	jíjiāng	(부) 곧, 머지않아
应该	yīnggāi	(동) 마땅히 ~해야 한다, ~하는 것이 마땅하다
充满	chōngmǎn	(동) 가득차다, 충만하다, 넘치다
丰富多彩	fēng fù duō cǎi	(성) 풍부하고 다채롭다
认为	rènwéi	(동) 여기다, 생각하다 (명) 생각, 이해, 의견, 견해
建议	jiànyì	(동) 건의하다, 제안하다 (명) 건의, 제안
压力	yālì	(명) 스트레스, (추상적 의미의) 압력
社团	shètuán	(명) 동아리
结识	jiéshí	(동) 사귀다
以及	yǐjí	(접) 및, 그리고, 아울러
规划	guīhuà	(명) 계획, 기획 (동) 계획하다, 기획하다
明确	míngquè	(형) (요구 따위가) 명확하다 (동) 명확하게 하다
耽误	dānwù	(동) 일을 그르치다
精力	jīnglì	(명) 정력
争取	zhēngqǔ	(동) 쟁취하다, ~을 목표로 노력하다
成型	chéngxíng	(동) (부품, 제품 따위가) 형태를 갖추다
就业	jiùyè	(동) 취직하다, 취업하다
从容不迫	cóng róng bú pò	(성) 매우 침착하다, 허둥대지 않다, 태연자약하다

주석

1. 对此

此는 지시대명사로서 '이, 이것'의 의미가 있다. 개사 对와 함께 사용되어, 앞에 서술된 내용에 대해서 언급하는 개사구를 이루고 있다.

예 我一直想做一名医生, 但我已经对此失去信心了。

wǒ yìzhí xiǎng zuò yìmíng yíshēng, dàn wǒ yǐjīng duìcǐ shīqù xìnxīn le.

나는 항상 의사가 되고 싶었지만, 이미 이것에 대한 확신을 잃었다.

作为家长要抓住一切时机培养幼儿的社会交往能力, 对此, 可采取以下措施。

zuòwéi jiāzhǎng yào zhuāzhù yíqiè shíjī péiyǎng yòuér de shèhuì jiāowǎng nénglì, duìcǐ, kě cǎiqǔ yíxià cuòshī.

부모들은 일체의 시기를 이용하여 유아의 사회성을 길러주려 한다. 이에 대해, 다음의 방법을 사용할 수 있다.

2. 为A而B

'A을 위해서 B하다'의 의미로서, 为 뒤에는 이익을 얻는 대상이나 목적, 원인 등이 온다. 접속사 而은 순접의 의미로 해석된다.

예 这个礼物为你而准备的。

zhège lǐwù wèi nǐ ér zhǔnbèi de.

이 선물은 너를 위해 준비한거야.

写儿童的事情给大人看的, 不是为儿童而写的。

xiě értóng de shìqing gěi dàrén kàn de, bùshì wèi értóng ér xiě de.

아동의 일을 써서 성인에게 보여주는 것은, 아이를 위하여 쓴 것이 아니다.

3. 只有A, 才B

'오직 A하여야만, 비로소 B하다'의 의미이다. 앞절(종속절)은 조건을 나타내고, 뒷절(주절)은 이러한 조건을 만족시킨 후의 결과를 나타낸다.

예 只有树立远大的志向, 学习才有动力。

zhǐyǒu shùlì yuǎndà de zhìxiàng, xuéxí cái yǒu dònglì.

원대한 포부를 세워야만 공부에 동력을 얻을 수 있다.

作为一名教师, 只有认真学习教育理论, 树立正确的教育观, 按教育规律办事, 才能做好教育工作。

zuòwéi yìmíng jiàoshī, zhǐyǒu rènzhēn xuéxí jiàoyù lǐlùn, shùlì zhèngquè de jiàoyù guān, àn jiàoyù guīlǜ bànshì, cáinéng zuòhǎo jiàoyù gōngzuò.

교사로서, 교육 이론을 열심히 공부하고, 정확한 교육관을 수립하며, 교육의 규율에 근거해서 일처리할 때, 비로소 교육 관련 일을 잘 처리할 수 있다.

只有奇迹才能挽救她的生命。

zhǐyǒu qíjì cáinéng wǎnjiù tā de shēngmìng.

기적만이 그녀의 생명을 구할 수 있다.

연습문제

1. 본문을 읽고 난 후에 빈 칸에 들어갈 적당한 단어를 채우시오.

(1) (   )有计划、多历练, (   )能从容不迫地"读"好大学。

(2) 在许多(   )步入大学校园的新生眼里, 大学生活应该充满丰富多彩的活动。

(3) (   )大一学习压力不大, 新生应该多参加学生社团活动。

2. 본문의 내용에 근거하여 다음 질문에 대한 답을 고르시오.

(1) 자신의 미래에 대한 비전을 세우고 취업을 위해 노력하는 시기는? (   )

A. 2학년　　B. 3학년　　C. 4학년　　D. 1학년

(2) 저자가 본 대학2, 3학년 때 해야 할 활동은? (   )

A. 동아리활동, 친구사귀기.　　B. 취업을 위해서 노력함.

C. 좋은 성적을 위해서 공부에 좀더 집중해야 함.

D. 인턴실습에 매진함.

(3) 공부는 대학생활의 일부분이지 전부는 아니라고 말하는 사람은? (   )

A. 선배　　B. 학부모　　C. 교수님　　D. 학교직원

3. 다음에 주어진 한국어 문장을 중국어로 작문하시오. (주어진 단어를 활용할 것)

(1) 자신을 위해 좋은 성적표를 쟁취하다.

张　争取　一　自己　漂亮　为　的　成绩单　到

(   )

(2) 신입생은 마땅히 학생동아리 활동에 많이 참가해야 한다.

参加　多　新生　学生　活动　应该　社团

(   )

(二) 珍惜大学时光

四年大学生活，学生们最后悔的事情是什么？在一次调查
sì nián dàxué shēnghuó, xuéshēngmen zuì hòuhuǐ de shìqing shì shénme? zài yícì diàochá

中，47.1%的受访大学生表示最后悔“没有修炼职业技能”，
zhōng, bǎifēnzhī sìshíqī diǎn yī de shòufǎng dàxuéshēng biǎoshì zuì hòuhuǐ “méiyǒu xiūliàn zhíyè jìnéng”,

居各项选择的首位，其次分别为“没好好学习”和“没有处理
jū gèxiàng xuǎnzé de shǒuwèi, qícì fēnbié wéi “méi hǎohāo xuéxí” hé “méiyǒu chǔlǐ

好感情问题”。
hǎo gǎnqíng wèntí”.

刘洋是某大学的一名大四学生，在受访中，她讲到自己很
liúyáng shì mǒu dàxué de yìmíng dà sì xuésheng, zài shòufǎng zhōng, tā jiǎng dào zìjǐ hěn

后悔没有好好修炼职业技能，缺乏社会实践经验，等到找工
hòuhuǐ méiyǒu hǎohāo xiūliàn zhíyè jìnéng, quēfá shèhuì shíjiàn jīngyàn, děngdào zhǎo gōng

作的时候才发现几乎没有可以“拿得出手”的本领与别人竞争
zuò de shíhòu cái fāxiàn jīhū méiyǒu kěyǐ “ná de chūshǒu” de běnlǐng yǔ biérén jìngzhēng

工作岗位。刘洋根据自己和同学们的交流，总结出以下几件
gōngzuò gǎngwèi. liúyáng gēnjù zìjǐ hé tóngxuémen de jiāoliú, zǒngjié chū yǐxià jǐjiàn

事情最浪费大学生的时间，包括：睡懒觉、看电视、打游戏、
shìqing zuì làngfèi dàxuéshēng de shíjiān, bāokuò: shuì lǎnjiao, kàn diànshì, dǎ yóuxì,

谈恋爱和参加一些毫无意义的社团活动。
tán liànài hé cānjiā yìxiē háowú yìyì de shètuán huódòng.

通过调查发现，不少大学生对虚度大学时光有了警觉，
tōngguò diàochá fāxiàn, bùshǎo dàxuéshēng duì xūdù dàxué shíguāng yǒu le jǐngjué,

只是因为缺乏对毕业后的规划，所以对如何度过大学四年
zhǐshì yīnwèi quēfá duì bìyè hòu de guīhuà, suǒyǐ duì rúhé dùguò dàxué sì nián

存在一定的迷茫。在课程相对宽松的大学校园里，如何有效
cúnzài yídìng de mímáng. zài kèchéng xiāngduì kuānsōng de dàxué xiàoyuán lǐ, rúhé yǒuxiào

管理时间，充实大学生活的同时又能为毕业后求职积攒实践
guǎnlǐ shíjiān, chōngshí dàxué shēnghuó de tóngshí yòu néng wèi bìyè hòu qiúzhí jīzǎn shíjiàn

经验呢？专家建议大学生可以从以下几个方面来进行：首先
jīngyàn ne? zhuānjiā jiànyì dàxuéshēng kěyǐ cóng yǐxià jǐge fāngmiàn lái jìnxíng: shǒuxiān

要调整心态，尽快融入大学生活。其次，提前规划毕业后去向，
yào tiáozhěng xīntài, jǐnkuài róngrù dàxué shēnghuó. qícì, tíqián guīhuà bìyè hòu qù xiàng,

并从大一开始实践。再次，多多参加社会实践，积极进行实习
bìng cóng dà yī kāishǐ shíjiàn. zàicì, duōduō cānjiā shèhuì shíjiàn, jījí jìnxíng shíxí

兼职，在实习工作中找到自己的职业兴趣点，对自己的职业
jiānzhí, zài shí xí gōngzuò zhōng zhǎodào zìjǐ de zhíyè xìngqù diǎn, duì zìjǐ de zhíyè

生涯能够提前有个清晰的认识。(459字)
shēngyá nénggòu tíqián yǒu ge qīngxī de rènshi.

作者：张毕荣 稿源：扬子晚报网

网址：http: // www.yangtse.com / system / 2013 / 09 / 24 / 018696519.shtml

새로운 단어

后悔	hòuhuǐ	(명) 후회 (동) 후회하다
调查	diàochá	(명) 조사 (동) 조사하다
受访	shòufǎng	(동) 인터뷰를 받다, 취재를 받다
修炼	xiūliàn	(동) 수련하다, 단련하다
职业	zhíyè	(명) 직업
技能	jìnéng	(명) 기능, 솜씨
各项	gèxiàng	(명) 각 항목, 각종, 여러 가지
首位	shǒuwèi	(명) 수위, 제1위
分别	fēnbié	(명) 구별, 식별 (동) 구별하다, 식별하다
处理	chǔlǐ	(동) 처리하다, (문제를) 해결하다
感情	gǎnqíng	(명) 감정, 애정
缺乏	quēfá	(동) 결핍되다, 모자라다 (대개 추상적인 것에 사용된다)
实践	shíjiàn	(명) 실천, 실행 (동) 실천하다, 실행하다
经验	jīngyàn	(명) 경험 (동) 경험하다, 체험하다
几乎	jīhū	(부) 거의, 하마터면
本领	běnlǐng	(명) 재능, 기량
竞争	jìngzhēng	(명) 경쟁 (동) 경쟁하다
岗位	gǎngwèi	(명) 직책, 본분
根据	gēnjù	(동) 근거하다, 따르다 (명) 근거
总结	zǒngjié	(명) 총괄, 총결산 (동) 총괄하다, 총결산하다
浪费	làngfèi	(동) 낭비하다, 헛되이쓰다
包括	bāokuò	(동) 포괄하다, 포함하다

睡懒觉	shuì lǎnjiào	늦잠을 자다
游戏	yóuxì	(명) 게임 (동) 놀다, 장난치다
恋爱	liàn'ài	(명) 연애 (동) 연애하다
毫无	háowú	조금도(전혀) ~이 없다
意义	yìyì	(명) 뜻, 의미
虚度	xūdù	(동) 헛되이 보내다, 허송세월을 하다
时光	shíguāng	(명) 시간, 세월, 시기
警觉	jǐngjué	(명) 경각, 경계심 (동) 깨닫다, (감각이) 예민하다
度过	dùguò	(동) 보내다, 지내다
存在	cúnzài	(명) 존재 (동) 존재하다
迷茫	mímáng	(형) 묘망하다, 멍하다, 정신이 아득하다
宽松	kuānsōng	(형) 널찍하다, 여유가 있다, 홀가분하다
充实	chōngshí	(형) 충분하다, 풍부하다 (동) 보강하다
求职	qiúzhí	(동) 직업을 구하다, 일자리를 찾다
积攒	jīzǎn	(동) 조금씩 모으다, 저축하다
调整	tiáozhěng	(명) 조절 (동) 조절하다
心态	xīntài	(명) 심리 상태
尽快	jǐnkuài	(부) 되도록 빨리
融入	róngrù	(동) 융합되어 들어가다, 진출하다, 나아가다
积极	jījí	(형) 적극적이다, 열성적이다
兼职	jiānzhí	(명) 겸직 (동) 겸직하다
生涯	shēngyá	(명) 생애, 생활, 일생
清晰	qīngxī	(형) 뚜렷하다, 분명하다, 명석하다

주석

1. 通过……

개사로서 '~을 통해서', '~을 거쳐서'의 의미를 표현한다. 사람이나 사물을 수단 혹은 매개물로 삼아서 어떤 목적에 도달하거나 결과를 실현시키는 것을 나타낸다.

예 他们通过对话, 消除了误会。

tāmen tōngguò duìhuà, xiāochú le wùhuì.

그들은 대화를 통해 오해를 풀었다.

通过"走后门"等方式进入工作单位的现象很严重。

tōngguò "zǒuhòumén" děng fāngshì jìnrù gōngzuò dānwèi de xiànxiàng hěn yánzhòng.

부정한 방식들을 통해 직장에 들어가는 현상은 심각하다.

2. 首先……, 其次……, 再次……

'먼저 ……, 둘째로 ……, 그 다음으로는 ……'라는 의미이다.

예 我的长处是天赐的, 她们的所有财产都换不来。首先, 我脸蛋儿显然比她们两个好看; 其次, 我身材更匀称; 再次, 我更会唱歌, 即我的嗓子更悦耳。

wǒ de chángchù shì tiāncì de, tāmen de suǒyǒu cáichǎn dōu huàn bu lái. shǒuxiān, wǒ liǎndànr xiǎnrán bǐ tāmen liǎngge hǎokàn; qícì, wǒ shēncái gèng yúnchèn; zàicì, wǒ gèng huì chànggē, jí wǒ de sǎngzi gèng yuè'ěr.

나의 장점은 천부적인 것으로, 그녀들의 모든 재산을 사용해도 바꿀 수 없다. 먼저, 나의 계란형 얼굴은 그 둘보다 확실히 예쁘다. 둘째, 내 몸매가 더욱 균형잡혀 있으며, 마지막으로 내가 노래를 더 잘 부른다. 즉 내 목소리가 더 듣기 좋다.

연습문제

1. 본문을 읽고 난 후에 빈 칸에 들어갈 적당한 단어를 채우시오.

(1) (　　　　　)要调整心态, 尽快融入大学生活。(　　　　　), 提前规划毕业后去向, 并从大一开始实践。

(2) 通过调查发现, 不少大学生对(　　　　　)大学时光有了警觉。

(3) 等到找工作的时候才发现几乎没有可以"(　　　　　)"的本领与别人竞争工作岗位。

2. 본문의 내용에 근거하여 다음 질문에 대한 답을 고르시오.

(1) 4년의 대학생활에서 가장 많은 학생들이 후회하는 일은? (　　)

A. 没有修炼职业技能　　B. 没好好学习

C. 没有处理好感情问题　　D. 没有恋爱经验

(2) 刘洋이 생각하는 대학생의 시간 낭비가 아닌 것은? (　　)

A. 社会实践　B. 睡懒觉　C. 谈恋爱　D. 打游戏

3. 다음에 주어진 한국어 문장을 중국어로 작문하시오. (주어진 단어를 활용할 것)

(1) 류양은 이하 몇가지 일이 대학생의 시간을 가장 낭비하는 것이라고 요약했다.

总结　刘洋　出　以下　浪费　大学生的　事情　最　几件　时间

(　　　　　　　　　　　　　　　　　　　　　　　　　　)

(2) 대학 4년을 어떻게 보내야 할지에 대해 막막해 한다.

存在　对　迷茫　度过　如何　一定的　大学四年

(　　　　　　　　　　　　　　　　　　　　　　　　　　)

문법특강

품사(词类)II

8. 개사(介词)

명사나 대명사 또는 어떤 구의 앞에 쓰여 개사구를 만들고, 문장내에서 술어동사를 수식한다.

예		
	在 zài ~에, ~에 있어서	从 cóng ~부터
	随着 suízhe ~따라서, 즉시	按照 ànzhào ~에 따라, ~에 근거하여

9. 접속사(连词)

단어나 구 혹은 문장을 연결하는 단어이다.

예		
	和 hé ~와, ~과	与 yǔ ~거나, 또는
	或者 huòzhě ~이던가 아니면 ~이다	然后 ránhòu 그런 후에, 그 다음에

10. 조사(助词)

단어나 구의 뒤에 쓰여서 일종의 문법의미를 나타내는 단어이다. 구조조사, 동태(시태)조사, 어기조사 등이 있다.

예			
	구조조사: 的 de	得 de	地 de
	동태조사: 了 le	着 zhe	过 guo
	어기조사: 呢 ne	啦 la	

11. 의성사(拟声词)

사물이나 자연계의 소리를 나타내는 단어이다.

예 叮当 dīng dāng 땡그랑(쇠붙이 등이 부딪힐 때 나는 소리)
哗哗 huā huā 콸콸(물이 흐르는 소리)
玎玲 dīng líng 쟁그랑(옥석 등이 부딪혀 나는 소리)
呼呼 hū hū 휙휙(바람소리), 쿨쿨(코 고는 소리)

12. 감탄사(叹词)

감탄이나 누군가를 부를 때 혹 대답을 할 때 쓰이는 단어.

예 阿 ā　　唉 āi
哎呀 āi yā　　哎哟 āi yō

03

便捷的交通

(一) 飞驰的高铁

나는듯이 달리는 고속열차

(二) 第一次坐高铁

처음으로 고속열차를 타다

(一) 飞驰的高铁

2012年12月26日上午，京广高速铁路正式开通运营。
èr líng yī èr nián shíèr yuè èrshíliù rì shàngwǔ, jīngguǎng gāosù tiělù zhèngshì kāitōng yùnyíng.

京广高铁是目前世界上运营里程最长的高速铁路，从北京
Jīngguǎng gāotiě shì mùqián shìjiè shàng yùnyíng lǐchéng zuì cháng de gāosù tiělù, cóng běijīng

由北向南经过中国近30个城市，最后到达广州，全程
yóu běi xiàng nán jīngguò zhōngguó jìn sānshí ge chéngshì, zuìhòu dàodá guǎngzhōu, quánchéng

2298公里。京广高铁开通后北京至广州全程最快只
liǎngqiān liǎngbǎi jiǔshíbā gōnglǐ. jīngguǎng gāotiě kāitōng hòu běijīng zhì guǎngzhōu quánchéng zuì kuài zhǐ

需要8个小时，比以前缩短了13个小时。
xūyào bā ge xiǎo shí, bǐ yǐ qiánsuōduǎn le shísān ge xiǎoshí.

从2008年中国第一条高铁京津城际铁路正式开通，到现
Cóng èrlínglíngbā nián zhōngguó dìyī tiáo gāotiě jīngjīn chéngjì tiělù zhèngshì kāitōng, dào xiàn

在京广高铁开通，中国的高速铁路走过了迅速发展的4年。高
zài jīngguǎng gāotiě kāitōng, zhōngguó de gāosù tiělù zǒuguò le xùnsù fāzhǎn de sì nián. gāo

铁的出现，不仅使人们的出行变得更加便捷，更推进了中国
tiě de chūxiàn, bùjǐn shǐ rénmen de chūxíng biàn de gèngjiā biànjié, gèng tuījìn le zhōngguó

经济的快速发展。(206字)
jīngjì de kuàisù fāzhǎn.

새로운 단어

正式	zhèngshì	(형) 정식의, 공식의
开通	kāitōng	(동) 개통하다, 열다
运营	yùnyíng	(명) 운행, 영업 (동) 운행하다, 영업하다
目前	mùqián	(명) 지금, 현재
里程	lǐchéng	(명) 이정, 노정
到达	dàodá	(동) 도착하다, 도달하다
高铁	gāotiě	(명) 고속열차
缩短	suōduǎn	(동) 단축하다, 줄이다
城际	chéngjì	(형) 도시 간의, 도시와 도시 사이의
迅速	xùnsù	(형) 신속하다, 재빠르다
便捷	biànjié	(형) 간편하다, 빠르고 편리하다
推进	tuījìn	(동) 추진하다
经济	jīngjì	(명) 경제

주석

1. 从A到B

从A到B는 'A부터 B까지'라는 의미이다. 개사 从은 '~부터', '~에서'라는 뜻으로, 从뒤에 시간, 장소 등의 출발점을 나타내는 성분이 온다. 개사 到는 '~로', '~까지'라는 뜻으로 종점, 도착지 등을 나타내는 성분이 온다.

예 从小学到高中, 他一直是老师眼中的好学生。

cóng xiǎoxuē dào gāozhōng, tā yìzhí shì lǎoshī yǎnzhōng de hǎo xuésheng.

초등학교부터 고등학교까지, 그는 선생님에게 있어서 계속 좋은 학생이었다.

从上到下, 从左到右, 我都没能看出什么不同啊。

Cóng shàng dào xià, cóng zuǒ dào yòu, wǒ dōu méi néng kànchū shénme bùtóng a.

위에서 아래까지, 좌에서 우까지 나는 어떤 차이도 발견할 수 없었다.

2. 不仅A, 更B

'A일뿐 아니라, B이기까지 하다'라는 의미이다. 뒷절(주절)이 앞절(종속절)보다 정도가 심해짐을 나타내는 점층복문이다. 更을 대신하여 还, 也 등을 사용할 수 있다.

예 她不仅是大家的好朋友, 更是大家的好老师。

tā bùjǐn shì dàjiā de hǎo péngyou, gèngshì dàjiā de hǎo lǎoshī.

그녀는 모두의 좋은 친구일뿐 아니라 모두의 좋은 선생님이다.

运动不仅能减肥, 更能锻炼身体。

yùndòng bùjǐn néng jiǎnféi, gèng néng duànliàn shēntǐ.

운동은 다이어트를 할 수 있을뿐 아니라 신체단련을 할 수 있다.

연습문제

1. 본문을 읽고 난 후에 빈 칸에 들어갈 적당한 단어를 채우시오.

(1) 2012年12月26日上午, (　　　　)正式开通运营。

(2) 高铁的出现, (　　　　)使人们的出行变得更加便捷, (　　　　)推进了中国经济的快速发展。

2. 본문의 내용에 근거하여 다음 질문에 대한 답을 고르시오.

(1) 다음 보기 중에서 틀린 설명을 고르세요. (　　)

A. 京广高铁는 베이징과 광저우 사이를 운행하는 기차이다.

B. 京广高铁의 운행거리는 2298km이다.

C. 京广高铁는 50여 개의 도시를 지나간다.

D. 京广高铁는 베이징과 광저우 사이를 8시간에 주파한다.

(2) 京津城际铁路가 개통된 시기는? (　　)

A. 2004　　B. 2008　　C. 2012　　D. 2010

3. 본문을 읽고 난 후에 다음 문장의 적부(O, X)를 판단하시오.

(1) 京广高铁是目前世界上运营里程最长的高速铁路。(　　)

(2) 京广高铁开通后北京至广州全程最快只需要12个小时。(　　)

(3) 京广高铁是从北京至广州运营的火车。(　　)

(二) 第一次坐高铁

北京到我家乡的高铁开通了。春节回家的时候，我毫不
Běijīng dào wǒ jiāxiāng de gāotiě kāitōng le. chūnjié huíjiā de shíhou, wǒ háobù

犹豫地买了一张高铁票，准备亲自体验一下每小时350公里
yóuyù de mǎi le yī zhāng gāotiě piào, zhǔnbèi qīnzì tǐyàn yíxià měi xiǎoshí sānbǎi wǔshí gōnglǐ

飞一般的速度。
fēi yìbān de sùdù.

第一次坐高铁，心里有些兴奋，终于可以坐坐“没翅膀的
Dìyīcì zuò gāo tiě, xīnlǐ yǒuxiē xīngfèn, zhōngyú kěyǐ zuò zuò “méi chìbǎng de

飞机”了。一走进站台就看到一辆像子弹头一样的白色列车，
fēijī” le. yī zǒujìn zhàntái jiù kàndào yí liàng xiàng zǐdàntóu yíyàng de báisè lièchē,

车头上写着三个大大的字“和谐号”。进入车厢后，立刻就感
chētóu shàng xiě zhe sān ge dàdà de zì “héxiéhào”. jìnrù chēxiāng hòu, lìkè jiù gǎn

受到高铁与其他火车的区别，温馨的环境、整洁的车厢，让人
shòu dào gāotiě yǔ qítā huǒchē de qūbié, wēnxīn de huánjìng, zhěngjié de chēxiāng, ràng rén

有一种愉悦和舒服的感觉。座椅也很舒适宽敞，头部位置有
yǒu yīzhǒng yúyuè hé shūfu de gǎnjué. zuòyǐ yě hěn shūshì kuānchǎng, tóubù wèizhì yǒu

一个小靠枕，座位下方有脚踏板，旁边有扶手，还有可收起
yíge xiǎo kàozhěn, zuòwèi xiàfāng yǒu jiǎotàbǎn, pángbiān yǒu fúshou, háiyǒu kě shōuqǐ

放下的小桌板，跟飞机的座位差不多一样。
fàngxià de xiǎo zhuōbǎn, gēn fēijī de zuòwèi chà bu duō yíyàng.

出发时间到了，高铁开始在铁轨上慢慢滑行，不到一分
Chūfā shíjiān dào le, gāotiě kāishǐ zài tiěguǐ shàng mànmàn huáxíng, bú dào yì fēn

钟，车速就提到了每小时80公里的时速。车厢门上显示车速
zhōng, chēsù jiù tídào le měi xiǎoshí bāshí gōnglǐ de shísù. chēxiāng mén shàng xiǎnshì chēsù

的显示屏上的数字不断闪动着，5分钟过后，车速便达到了设
de xiǎnshìpíng shàng de shùzì búduàn shǎndòng zhe, wǔ fēnzhōng guòhòu, chēsù biàn dádào le shè

计最高时速350km / h。列车在风驰电掣般地向前飞奔，但我
jì zuìgāo shísù sānbǎi wǔshí gōnglǐ. lièchē zài fēng chí diàn chè bān de xiàngqián fēibēn, dàn wǒ

在车厢里感觉非常平稳安静，如果不看窗外变换的景色，甚
zài chēxiāng lǐ gǎnjué fēicháng píngwěn ānjìng, rúguǒ bú kàn chuāngwài biànhuàn de jǐngsè, shèn

至感觉不到列车的移动。我顺着车窗向外面张望，窗外的
zhì gǎnjué bu dào lièchē de yídòng. wǒ shùnzhe chēchuāng xiàng wàimiàn zhāngwàng, chuāngwài de

树木、山水还不等我看清楚就已经从眼前快速掠过。
shùmù、shānshuǐ hái bù děng wǒ kàn qīngchu jiù yǐjīng cóng yǎnqián kuàisù lüèguò.

高铁速度实在太快了，以前坐普通列车需要六个多小时才
Gāotiě sùdù shízài tài kuài le, yǐqián zuò pǔtōng lièchē xūyào liù ge duō xiǎoshí cái

能到达家乡，现在只用了两个半小时就到了，我的兴奋劲儿还
néng dàodá jiāxiāng, xiànzài zhǐyòng le liǎng ge bàn xiǎoshí jiù dào le, wǒ de xīngfèn jìnr hái

没完全下去呢。有了高铁，我们外出旅行真是方便多了。(493字)
méi wánquán xiàqù ne. yǒu le gāotiě, wǒmen wàichū lǚxíng zhēnshì fāngbiàn duō le.

새로운 단어

家乡	jiāxiāng	(명) 고향
开通	kāitōng	(동) 개통하다, 열다
毫不犹豫	háo bù yóu yù	(성) 전혀 주저하지 않다

亲自	qīnzì	(부) 몸소, 친히, 직접
体验	tǐyàn	(명) 체험 (동) 체험하다
兴奋	xīngfèn	(동) 흥분하다, 흥분시키다
翅膀	chìbǎng	(명) 날개
站台	zhàntái	(명) 플랫폼
弹头	dàntóu	(명) 탄두 (子弹头列车: 탄두형 고속열차)
列车	lièchē	(명) 열차
车厢	chēxiāng	(명) 객실, 적재함, 수화물칸
立刻	lìkè	(부사) 즉시, 곧, 당장
温馨	wēnxīn	(형) 온화하고 향기롭다
整洁	zhěngjié	(형) 단정하고 깨끗하다
愉悦	yúyuè	(형) 유쾌하고 기쁘다 (명) 기쁨
座椅	zuòyǐ	(명) 좌석
舒适	shūshì	(형) 쾌적하다, 편하다
宽敞	kuān · chang	(형) 넓다, 널찍하다
靠枕	kàozhěn	(명) 허리 쿠션, 등받이 쿠션
脚踏板	jiǎotàbǎn	(명) 발판, 디딤판
扶手	fú · shou	(명) 난간, 손잡이, 팔걸이
铁轨	tiěguǐ	(명) 철도의 레일
提到	tídào	(동) 언급하다, 끌어올리다, 말이 미치다
显示	xiǎnshì	(동) 과시하다, 현시하다
闪动	shǎndòng	(동) 번쩍이다, 번쩍거리다
设计	shèjì	(동) 설계하다, 디자인하다 (명) 설계, 디자인
风驰电掣	fēngchídiànchè	(성) 번개같이 빠르다, 바람처럼 신속하다
飞奔	fēibēn	(동) 나는 듯이 달리다
平稳	píngwěn	(형) 평온하다, 안정되어 있다
张望	zhāngwàng	(동) 엿보다, 들여다보다, 사방을 둘러보다
掠过	lüèguò	(동) 스쳐 지나가다
兴奋劲	xīngfènjìnr	(명) 감동의 기운(힘)

주석

1. 一A, 就B

'A하면 B한다'의 뜻을 가지는 연관복문이다. A와 B는 순차적으로 연속되는 동작 혹은 사건을 서술한다. 각 절의 주어는 같을 수도 있고, 다를 수도 있다.

예 我喜欢看小说, 一拿起来就爱不忍释。

wǒ xǐhuan kàn xiǎoshuō, yì ná qǐlái jiù àibùrěnshì.

나는 소설 읽기를 좋아한다. 한번 책을 들면 놓지 않는다.

考试一结束, 我就到校园里散散步, 松弛一下紧张。

kǎoshì yī jiéshù, wǒ jiù dào xiàoyuán lǐ sànsànbù, sōngchí yíxià jǐnzhāng.

시험이 끝나면 나는 교정에 가서 산보를 하고 긴장을 푼다.

2. A跟B一样

'A는 B와 같다'는 뜻의 비교문이다. 부정형식은 A不跟B一样과 A跟B不一样이 있다.

예 人生就跟画卷一样, 五颜六色还得自己去描绘!

rénshēng jiù gēn huàjuàn yíyàng, wǔyánliùsè háiděi zìjǐ qù miáohuì!

인생은 두루마리 그림처럼, 여러가지 색깔은 스스로 그려나가야 한다.

火红的枫叶跟火花一样纷纷地飘落下来。

huǒhóng de fēngyè gēn huǒhuā yíyàng fēnfēn de piāoluòxiàlái.

붉은 낙엽은 불꽃과 같이 잇달아 떨어져내린다.

3. A, 甚至B

'A일뿐 아니라, 심지어 B이기까지 하다'라는 의미로서, 뒷절(주절)이 앞절(종속절)보다 정도가 심해짐을 나타내는 점층복문이다.

예 这道题太简单了, 不用费脑子, 甚至看一眼就能得出答案。
zhè dào tí tài jiǎndān le, búyòng fèi nǎozi, shènzhì kàn yīyǎn jiù néng déchū dá'àn.
이 문제는 매우 간단해서 머리를 쓸 필요가 없다. 심지어 한눈에 답을 얻을 수 있다.

他病得太严重了, 虚弱得甚至连呼吸都很艰难!
tā bìng de tài yánzhòng le, xūruò de shènzhì lián hūxī dōu hěn jiānnán.
그의 병은 매우 엄중한데, 허약한 정도가 심지어 호흡도 어려울 정도이다.

연습문제

1. 본문을 읽고 난 후에 빈 칸에 들어갈 적당한 단어를 채우시오.

(1) (　　　　)走进站台(　　　　)看到一辆像子弹头一样的白色列车。

(2) 座椅也很舒适宽敞, 头部位置有一个(　　　　) , 座位下方有(　　　　), 旁边有(　　　　), 还有可收起放下的(　　　　)。

(3) (　　　　)不看窗外变换的景色, (　　　　)感觉不到列车的移动。

2. 본문의 내용에 근거하여 다음 질문에 대한 답을 고르시오.

(1) 북경에서 우리 고향으로 가는 고속철도의 최고 속도는?

A. 300Km　　B. 350Km　　C. 400Km　　D. 380Km

(2) 고속철도가 생긴 이후 베이징에서 고향까지의 이동시간은 몇 시간 단축되었는가?

A. 6시간　　B. 2시간 30여분　　C. 3시간 30여분　　D. 4시간반

3. 다음에 주어진 한국어 문장을 중국어로 작문하시오. (주어진 단어를 활용할 것)

(1) 나는 객실안에서 매우 평온하고 조용하다고 느꼈다.

车厢里　感觉　平稳　在　安静　我　非常

(　　　　　　　　　　　　　　　　　　　　)

(2) 나의 흥분이 아직 완전히 가라앉지 않았다.

完全　兴奋劲儿　我　下去　没　呢　还　的

(　　　　　　　　　　　　　　　　　　　　)

4. 본문을 읽고 난 후에 다음 문장의 적부(O, X)를 판단하시오.

(1) 高铁开始在铁轨上慢慢滑行, 不到一分钟, 车速就提到了每小时120公里的时速。(　　)

(2) 第一次坐高铁, 心里有些兴奋, 终于可以坐坐"没翅膀的飞机"了。(　　)

문법특강

문법 단위(语法单位)

문법 분석은 단계별로 진행되는데, 이때 분석의 단위를 문법단위라고 한다.

1. 형태소(语素) : 가장 작은 음과 뜻의 결합체로서 문법의 최소단위이다.

예 民 mín 백성　　桌 zhuō 탁자
葡萄 pú táo 포도　　巧克力 qiǎo kè lì 초콜릿

2. 단어(词) : 독립적으로 운용이 가능한 가장 작은 문법 단위이다.

예 大 dà 크다　　听 tīng 듣다
医生 yī shēng 의사　　应该 yīng gāi 마땅히 ~해야 한다
图书馆 túshūguǎn 도서관　　科学工作者 kēxuégōngzuòzhě 과학자

3. 구(词组) : 단어와 단어가 일정한 규칙에 의해 조합되어 문장을 구성하는 더 큰 단위가 된 것이다.

예 我们学校 wǒmen xuéxiào 우리 학교　　打电话 dǎ diànhuà 전화를 걸다
非常喜欢 fēicháng xǐhuan 매우 좋아하다　　他来 tā lái 그는 오다

4. 문장(句子) : 독립적으로 완전한 뜻을 나타낼 수 있는 언어의 단위이다.

예 最近身体怎么样？ zuìjìn shēntǐ zěnmeyàng? 요즈음 몸이 어때요?
他在学校里学习汉语。tā zài xuéxiàolǐ xuéxí hànyǔ. 그는 학교에서 중국어를 배운다.

문장성분(句子成分)

문장내에서 구분할 수 있는 각각의 성분을 문장성분이라고 한다. 主要成分인 주어, 술어동사, 목적어와 非主要成分인 관형어, 부사어, 보어로 이루어진다.

1. 주어(主语) : 主部와 述部로 이루어진 문장에서 主部의 주요 단어를 주어라 한다.

예 他来。tā lái. 그가 온다.
这个同志是作家。zhège tóngzhì shì zuòjiā. 이 동지는 작가다.

2. 술어(동사)(述语) : 술어(동사)는 주어에 대한 서술을 나타낸다.

예 你们商量商量。nǐmen shāngliáng shāngliáng. 너희들이 상의해 봐.
树叶黄了。shùyè huáng le. 나뭇잎이 노랗게 되었다.

3. 목적어(宾语) : 동사 뒤에는 동작의 대상, 발생의 결과, 동작이 도달한 장소, 동작에 사용된 도구등을 나타내는 연대성분이 올 수 있는데, 이러한 연대성분을 목적어라고 한다.

예 他们看过这部电影。tāmen kànguo zhè bù diànyǐng. 그들은 이 영화를 본 적이 있다.
我们需要休息。wǒmen xūyào xiūxi. 우리는 휴식이 필요하다.

4. 관형어(定语) : 명사를 수식, 제한하는 낱말이나 구를 관형어라고 한다. 수식받는 낱말을 중심어라고 하며, 관형어는 중심어 앞에 놓여 중심어의 성질, 형상, 재료, 수량, 소유, 소속, 장소, 시간, 범위 등을 나타내는 성분이다.

예 前边的路 qiánbiān de lù. 앞쪽의 길
我喜欢白颜色。wǒ xǐhuan bái yánsè. 나는 흰색을 좋아한다.

5. 부사어(狀语) : 동사나 형용사(혹 부사)를 수식, 제한하는 것을 부사어라 한다. 수식되는 것을 중심어라 하며, 부사어는 중심어 앞에 놓여 시간, 장소, 정도, 범위, 모양, 긍정, 부정, 중복, 대상, 원인 등을 나타내는 부가성분이다.

예 任务很明确。rènwu hěn míngquè. 임무가 명확하다.
他刚刚走了。tā gānggāng zǒu le. 그는 방금 떠났다.

6. 보어(补语) : 동사나 형용사 뒤에서 이를 보충설명하는 낱말이나 구를 보어라 한다. 보충설명되는 낱말을 중심어라 하며, 보어는 중심어 뒤에 놓여 동작의 결과, 방향, 정도, 상태, 가능여부, 수량 등을 보충설명하는 부가성분이다.

예 我做完了课题。wǒ zuò wán le kètí. 나는 과제를 끝냈다.
他唱得很好。tā chàngde hěnhǎo. 그는 노래를 잘 부른다.

04

畅游中国

(一) 五岳名山

오악 명산

(二) 北京两日游

북경 2일 여행

(一) 五岳名山

中国的名山大川数不胜数，其中"五岳"最为出名。"五岳"
zhōngguó de míngshāndàchuān shǔbúshèngshǔ, qízhōng "wǔyuè"zuìwéi chūmíng."wǔyuè"

是中国五大名山的总称，包括东岳泰山(位于山东)、西岳华
shì zhōngguó wǔdà míngshān de zǒngchēng, bāokuò dōngyuè tàishān (wèiyú Shāndōng)、xīyuè huà

山(位于陕西)、南岳衡山(位于湖南)、北岳恒山(位于山西)、
shān (wèiyú Shǎnxī)、nányuè héngshān (wèiyú Húnán)、běiyuè héngshān (wèiyú Shānxī)、

中岳嵩山(位于河南)，其中以东岳泰山为首。这五座山之所
zhōngyuè sōngshān (wèiyú Hénán), qízhōng yǐ dōngyuè tàishān wéishǒu. zhè wǔ zuòshān zhīsuǒ

以受到中国人的推崇，不仅仅是因为它们秀丽壮观的自然景
yǐ shòudào zhōngguórén de tuīchóng, bùjǐnjǐn shì yīnwèi tāmen xiùlì zhuàngguān de zìrán jǐng

色，更是因为它们身上承载的中国数千年的历史文化。
sè, gèng shì yīnwèi tāmen shēnshang chéngzài de zhōngguó shùqiān nián de lìshǐ wénhuà.

有句俗话说"五岳归来不看山"，从中可以看出"五岳"在中
yǒu jù súhuà shuō "wǔ yuè guīlái bú kàn shān", cóngzhōng kěyǐ kànchū "wǔ yuè"zài zhōng

国人心中的地位。(196字)
guórén xīnzhōng de dìwèi.

새로운 단어

名山大川	míngshāndàchuān	(명) 명산대천, 이름난 산과 큰 내
数不胜数	shǔbúshèngshǔ	(성) 일일이 다 셀 수 없다, 샐래야 셀 수 없다
最为	zuìwéi	(부) 제일, 가장
出名	chūmíng	(동) 명성을 날리다 (형) 유명하다, 이름나다
总称	zǒngchēng	(명) 총칭 (동) 총칭하다
包括	bāokuò	(동) 포괄하다, 포함하다
为首	wéishǒu	(동) …를 (을) 대표로 하다
推崇	tuīchóng	(명) 숭배, 추앙 (동) 숭배하다, 추앙하다
不仅仅	bùjǐnjǐn	…뿐만이 아니다, …만이 아니다
秀丽	xiùlì	(형) 수려하다, 아름답다
壮观	zhuàngguān	(명) 장관 (형) 장관이다
景色	jǐngsè	(명) 경치, 풍경
承载	chéngzài	(동) 적재 중량을 견디다
俗话	súhuà	(명) 속담, 옛말 (동의사 : 俗语)
地位	dìwèi	(명) (사회적)위치, 지위, (사람이나 물건이 차지한)자리

주석

1. 数不胜数

'셀 수 없을 정도로 많다'라는 뜻이다.

예 至少四次以上的经济危机、2次石油危机等等, 数不胜数的社会动荡。

zhìshǎo sìcì yǐshàng de jīngjì wēijī、liǎng cì shíyóu wēijī děngděng, shǔbúshèngshǔ de shèhuì dòngdàng.

적어도 4회 이상의 경제위기, 2회 석유위기 등등, 수많은 사회적 불안.

著名的度假村每年夏天都会迎来数不胜数的游客。

zhùmíng de dùjiàcūn měinián xiàtiān dōu huì yínglái shǔbúshèngshǔ de yóukè.

저명한 리조트는 매년 여름 수많은 여행객을 맞아들일 수 있다.

2. 之所以A, 是因为B

'A한 까닭은 B이기 때문이다'라는 의미로서, 앞절(주절)이 결과를 나타내고, 뒷절(종속절)이 원인을 나타낸다. 즉, 인과관계를 표현하는 복문이다.

예 他之所以会有现在的成绩, 都是因为不断努力来的, 并非靠别人的帮助。

tā zhīsuǒyǐ huì yǒu xiànzài de chéngjì, dōushì yīnwèi búduàn nǔlì lái de, bìngfēi kào biérén de bāngzhù.

그의 현재의 성적이 있는 것은 모두 끊임없이 노력했기 때문이지, 결코 타인의 도움에 의지한 것이 아니다.

我们之所以没去上课, 是因为节日的关系而放假了。

wǒmen zhīsuǒyǐ méi qù shàngkè, shì yīnwèi jiérì de guānxi ér fàngjià le.

우리들이 수업에 가지 않는 것은 명절이어서 휴무였기 때문이다.

연습문제

1. 본문을 읽고 난 후에 빈 칸에 들어갈 적당한 단어를 채우시오.

(1) 有句俗话说(　　　　), 从中可以看出“五岳”在中国人心中的地位。

(2) 这五座山(　　　　)受到中国人的推崇, 不仅仅(　　　　)它们秀丽壮观的自然景色, 更是因为它们身上承载的中国数千年的历史文化。

2. 본문의 내용에 근거하여 다음 질문에 대한 답을 고르시오.

(1) 오악 중 첫번째로 인정되는 산은 무엇인가?

A. 嵩山　　B. 华山　　C. 泰山　　D. 衡山

(2) 오악 중 북쪽에 위치한 산은?

A. 恒山　　B. 衡山　　C. 嵩山　　D. 泰山

3. 다음에 주어진 한국어 문장을 중국어로 작문하시오. (주어진 단어를 활용할 것)

(1) 오악은 중국 오대 명산의 총칭이다.

五大　总称　名山　“五岳”　的　是　中国

(　　　　　　　　　　　　　　　　　　　　)

(2) 그 사이에서 오악의 중국인 마음 속의 지위를 알 수 있다.

看出　中国人　可以　地位　从中　五岳　在　的　中国人　心中

(　　　　　　　　　　　　　　　　　　　　)

(二) 北京两日游

去年暑假我和朋友一起到中国的首都北京旅游。
Qùnián shǔjià wǒ hé péngyǒu yìqǐ dào Zhōngguó de shǒudū Běijīng lǚyóu.

在北京旅游, "故宫"是必须要去的一个景点。故宫是中国明、清两代的皇宫, 已经有五百多年的历史了。故宫的面积很大, 据说里面有9000多间房子, 即便逛一天也逛不完。故宫里保存着大量的古代珍贵艺术品。看到那些精致美丽的艺术品, 我深深佩服古人高超的手艺技术。
Zài Běijīng lǚyóu, "gùgōng" shì bìxū yào qù de yíge jǐngdiǎn. Gùgōng shì zhōngguó míng、qīng liǎngdài de huánggōng, yǐjīng yǒu wǔbǎi duōnián de lìshǐ le. Gùgōng de miànjī hěn dà, jùshuō lǐmiàn yǒu jiǔqiān duō jiān fángzi, jíbiàn guàng yìtiān yě guàng bu wán. Gùgōng lǐ bǎocún zhe dàliàng de gǔdài zhēnguì yìshùpǐn. Kàndào nàxiē jīngzhì měilì de yìshù pǐn, wǒ shēnshēn pèifú gǔrén gāochāo de shǒuyì jìshù.

从故宫出来后, 我和朋友又到北京另一个有名的景点颐和园游览。颐和园是清朝皇帝用来休息和游玩的花园, 景色
Cóng gùgōng chūlái hòu, wǒ hé péngyou yòu dào Běijīng lìng yíge yǒumíng de jǐngdiǎn yíhéyuán yóulǎn. Yíhéyuán shì qīngcháo huángdì yònglái xiūxi hé yóuwán de Huāyuán, jǐngsè

非常优美。颐和园里有一条728米的长廊，长廊的梁上画
fēicháng yōuměi. Yíhéyuán lǐ yǒu yìtiáo qībǎi èrshíbā mǐ de chángláng, chángláng de liáng shàng huà

满了色彩鲜明的彩画。这些彩画，有各种各样的花草树木，有
mǎn le sècǎi xiānmíng de cǎihuà. Zhèxiē cǎihuà, yǒu gèzhǒng gèyàng de huācǎo shùmù, yǒu

很多叫不出名字的动物，还有大量的人物故事画。走出长廊，
hěnduō jiào bu chū míngzi de dòngwù, háiyǒu dàliàng de rénwù gùshì huà. Zǒu chū chángláng,

就是昆明湖。我们坐船在湖面上游玩，欣赏着颐和园的美景，
jiùshì kūnmínghú. Wǒmen zuòchuán zài húmiàn shàng yóuwán, xīnshǎng zhe Yíhéyuán de měijǐng,

我感到十分轻松愉快。
wǒ gǎn dào shífēn qīngsōng yúkuài.

第二天一大早，我和朋友就出发去我们向往已久的长城。
Dì èr tiān yídàzǎo. wǒ hé péngyou jiù chūfā qù wǒmen xiàngwǎng yǐ jiǔ de chángchéng.

常听人说"不到长城非好汉"，我们这次也要爬一回长城，当
cháng tīng rén shuō "bú dào chángchéng fēi hǎohàn", wǒmen zhè cì yě yào pá yì huí chángchéng, dāng

真正的"好汉"！还没到长城，我就已经在车里看到远处弯弯
zhēnzhèng de"hǎo hàn"! hái méi dào chángchéng, wǒ jiù yǐjīng zài chē lǐ kàndào yuǎnchù wānwān

曲曲的长城像龙一样盘旋在山上。我们从长城脚下开始
qūqū de chángchéng xiàng lóng yíyàng pánxuán zài shānshàng. Wǒmen cóng chángchéng jiǎoxià kāishǐ

往上爬，一层一层的台阶一眼望不到头。我们才爬了半个小
wǎng shàng pá, yìcéng yìcéng de táijiē yìyǎn wàng budào tóu. Wǒmen cái pá le bàn ge xiǎo

时就累得气喘吁吁了。据说长城有一万多里长，看来我是没
shí jiù lèi de qìchuǎnxūxū le. Jùshuō chángchéng yǒu yíwàn duō lǐ cháng, kànlái wǒ shì méi

办法爬完长城了。
bànfǎ pá wán chángchéng le.

虽然只在北京玩儿了短短两天，但是它给我留下了深刻
Suīrán zhǐ zài Běijīng wánr le duǎnduǎn liǎng tiān, dànshì tā gěi wǒ liúxià le shēnkè

的印象。以后有机会，我一定再去北京旅游。(519字)
de yìnxiàng. yǐhòu yǒu jīhuì, wǒ yídìng zài qù Běijīng lǚyóu.

새로운 단어

暑假	shǔjià	(명) 여름 방학
首都	shǒudū	(명) 수도
故宫	gùgōng	(명) 고궁 [북경(北京)에 있는 청(淸)대의 궁전을 가리킴]
必须	bìxū	(부) 반드시 ~해야 한다, 꼭 ~해야 한다
景点	jǐngdiǎn	(명) 경치가 좋은 곳
皇宫	huánggōng	(명) 황궁
面积	miànjī	(명) 면적
保存	bǎocún	(동) 보존하다
古代	gǔdài	고대
珍贵	zhēnguì	(형) 진귀하다 (동) 귀중하게 여기다
艺术品	yìshùpǐn	(명) 예술품
精致	jīngzhì	(형) 세밀하다, 정교하다
美丽	měilì	(형) 아름답다
深深	shēnshēn	(부) 매우 깊이, 깊숙이
佩服	pèifú	(동) 탄복하다, 감탄하다
高超	gāochāo	(형) 출중하다, 특출나다, 뛰어나다
手艺	shǒu·yì	(명) 손재간, 솜씨
技术	jìshù	(명) 기술, 기교
颐和园	Yíhéyuán	(명) 이화원 [베이징(北京)에 있는 유명한 황실 정원의 하나]
游览	yóulǎn	(명) 유람 (동) 유람하다

皇帝	huángdì	(명) 황제
景色	jǐngsè	(명) 경치, 풍경
优美	yōuměi	(형) 우아하고 아름답다
长廊	chánglláng	(명) 긴 복도
色彩	sècǎi	(명) 색채
鲜明	xiānmíng	(형) 분명하다, 선명하다
彩画	cǎihuà	(명) 채색화
昆明湖	Kūnmínghú	쿤밍호[중국 윈난성에 있는 호수 이름, 별명 : "滇池"]
欣赏	xīnshǎng	(동) 감상하다
美景	měijǐng	(명) 아름다운 풍경
十分	shífēn	(부) 매우, 대단히, 충분히
轻松	qīngsōng	(형) 홀가분하다, 수월하다, 부담이없다
愉快	yúkuài	(형) 기분이 좋다, 유쾌하다
一大早	yīdàzǎo	(명) 이른아침
不到长城非好汉	bú dào Chángchéng fēihǎohàn	(속담) 만리장성에 이르지 못하면 대장부가 아니다 → 목표를 이룰 때 까지 절대 포기하지 않다
弯弯曲曲	wānwān qūqū	(형) 꼬불꼬불하다, 구불구불하다
盘旋	pánxuán	(동) 선회하다, 배회하다, 서성거리다
台阶	táijiē	(명) 층계, 계단,
气喘吁吁	qìchuǎn xūxū	(성) 숨이 가빠서 식식거리는 모양, (질병, 과로등으로 인해) 호흡을 가쁘게 몰아쉬다
深刻	shēnkè	(형) 깊이가 있다, 핵심을 찌르다
印象	yìnxiàng	(명) 인상

주석

1. 据说

'타인의 말에 의하면', '전언에 의하면(출처가 있지만 노출을 원하지 않는 경우)'의 의미가 있다. 据说는 본래 주어를 가질 수 없으며, 문장 중에서 삽입어로 많이 사용된다.

예 据说这小镇有一半的土地都是属于他们家的。

jùshuō zhè xiǎozhèn yǒu yībàn de tǔdì dōushì shǔyú tāmen jiā de.

소문에 의하면 이 마을 절반의 토지는 모두 그들 집안의 소유라네.

据说他决定参选本届奥运会, 不知道是不是真的?

jùshuō tā juédìng cānxuǎn běnjiè àoyùnhuì, bùzhīdào shìbúshì zhēn de?

소문에 따르면 그가 이번 올림픽 대표 선발에 참가하기로 했다는데, 사실인지 모르겠어?

2. 即便A, 也B

'비록 A라 하더라도, B하다'의 의미를 가지는 전환 복문이다. 앞절(종속절)과 뒷절(주절)이 나타내는 사실이 일치하지 않고 상대적이거나 상반된다.

예 即便老师没在教室, 同学们也很安静。

jíbiàn lǎoshī méi zài jiàoshì, tóngxuémen yě hěn ānjìng.

설사 선생님이 교실에 있지 않아도, 학생들은 조용했다.

即便死也没什么可遗憾的。

jíbiàn sǐ yě méishénme kě yíhàn de.

설령 죽는다 하더라도 아쉬울 것은 없다.

연습문제

1. 본문을 읽고 난 후에 빈 칸에 들어갈 적당한 단어를 채우시오.

(1) 里面有9000多间房子, (　　　　)逛一天(　　　　)逛不完。

(2) (　　　　)是清朝皇帝用来休息和游玩的花园。

2. 본문의 내용에 근거하여 다음 질문에 대한 답을 고르시오.

(1) "故宫"에 대한 설명은 틀린 것을 고르시오. (　　)

A. 중국 원, 명, 청 3대의 황궁으로 이미 오백여 년의 역사가 있다.

B. 고대 진귀한 예술품이 다량 보존되어 있다.

C. 9천여 개의 방이 있다.

D. 베이징을 여행할 때 반드시 가야 하는 명소이다.

(2) 본문의 내용과 다른 것을 하나 고르시오. (　　)

A. 작년 여름방학에 나는 친구와 베이징을 여행했다.

B. 颐和园의 긴 복도를 나서면 昆明湖가 나온다.

C. 나는 친구와 베이징에서 5일동안 여행했다.

D. 만리장성은 나와 내친구가 오랫동안 가고 싶어했던 곳이다.

3. 다음에 주어진 한국어 문장을 중국어로 작문하시오. (주어진 단어를 활용할 것)

(1) 나는 옛사람의 뛰어난 수공예기술에 깊이 탄복했다.

深深　手艺技术　高超　我　古人　的　佩服

(　　　　　　　　　　　　　　　　　　　　　　　　　　)

(2) 우리들은 이번에 한번 만리장성에 올라서 진정한 대장부가 되려고 한다.

长城　一回　我们　也　真正　爬　当　的　好汉　这次　要

(　　　　　　　　　　　　　　　　　　　　　　　　　　)

4. 본문을 읽고 난 후에 다음 문장의 적부(O, X)를 판단하시오.

(1) 颐和园里有一条728米的长廊。(　　)

(2) 以后有机会, 我一定再去北京旅游。(　　)

GRAMMAR

문법특강

구(词组) I

단어와 단어가 일정한 규칙으로 결합된 것을 구(词组)라고 한다(여기서는 실사와 실사의 결합을 중심으로 설명함). 문장의 구조와 구의 구조는 기본적으로 일치한다. 그러므로 문장의 구조를 잘 알기 위해서, 구의 구조를 잘 학습해 두는 것이 매우 중요하다.

현대중국어에는 모두 8개의 구가 있다. 즉, 1. 편정구(偏正词组), 2. 동보구(动补词组), 3. 동빈구(动宾词组), 4. 주술구(主述词组), 5. 연합구(联合词组), 6. 동위구(同位词组), 7. 연동구(连动词组), 8. 겸어구(兼语词组)이다.

1. 편정구(偏正词组)

앞부분에 나오는 관형어(定语) 혹은 부사어(状语)와 뒷부분에 나오는 중심어의 두 부분으로 구성된다. 앞부분이 뒷부분을 수식한다(수식과 피수식의 관계).

예 英雄气概 yīngxióng qìgài 영웅적인 기개　群众的智慧 qúnzhòng de zhìhuì 군중의 지혜
十分热烈 shífēn rèliè 매우 열렬하다　紧张地劳动 jǐnzhāng de láodòng 긴장하여 일하다

2. 동보구(动补词组)

뒷 부분이 앞부분을 보충 설명한다. 즉, '술어동사 + 보어'의 형식이다.

예 干得好 gàn de hǎo 잘 했다　听不明白 tīng bu míngbai 알아듣지 못하다
去一趟 qù yí tàng 한 번 가다　高兴得跳起来 gāoxìng de tiào qǐlái 기뻐서 껑충 뛰다

3. 동목구(动宾词组)

앞부분이 뒷부분을 지배하는 관계이다(지배와 피지배의 관계). 즉, '술어동사 + 목적어'의 형식이다.

예 读书 dúshū 독서하다 | 讨论问题 tǎolùn wèntí 문제를 토론하다
吃饭 chī fàn 밥을 먹다 | 姓王 xìngwáng 성이 왕씨이다

4. 주술구(主述词组)

두 부분이 진술과 피진술의 관계이다.즉, '주어 + 술어'의 형식이다.

예 鸡叫 jī jiào 닭이 울다
大家讨论 dàjiā tǎolùn 모두들 토론하다
意志坚强 yìzhì jiānqiáng 의지가 굳다
笑容满面 xiào róng mǎn miàn 온 얼굴에 웃음이 가득하다

05

节日快乐

(一) “洋节”在中国

중국에서의 서양명절

(二) 中国的传统节日

중국의 전통명절

(一)“洋节”在中国

洋节，对于现代的中国人来说并不陌生。圣诞节、情人节、愚人节等洋节在中国受到越来越多的年轻人追捧。
yángjié, duìyú xiàndài de zhōngguórén láishūo bìng bù mòshēng. shèngdànjié、qíngrénjié、yúrénjié děng yángjié zài zhōngguó shòudào yuèláiyuè duō de niánqīngrén zhuīpěng.

每年一进入12月，中国各大中城市的商场内就会见到装饰一新的圣诞树、满脸笑容的圣诞老人和各种各样的圣诞礼品。每到情人节那天，各大商场也会展开商品大促销，巧克力被摆在最显眼的位置，玫瑰花在这一天的价格翻倍。
měinián yī jìnrù shíèr yuè, zhōngguó gè dàzhōng chéngshì de shāngchǎng nèi jiù huì jiàndào zhuāng shì yī xīn de shèngdànshù、mǎnliǎn xiàoróng de shèngdàn lǎorén hé gèzhǒng gèyàng de shèngdàn lǐ pǐn. měi dào qíngrénjié nàtiān, gè dà shāngchǎng yě huì zhǎnkāi shāngpǐn dà cùxiāo, qiǎokèlì bèi bǎi zài zuì xiǎnyǎn de wèizhì, méigūihuā zài zhè yìtiān de jiàgé fān bèi.

虽然很多中国年轻人过洋节，但他们大部分人不知道这些洋节的含义和来历，他们只不过把过洋节看作是表达感情的工具。从家庭聚会的意义上讲，“洋节”的意义永远都比不上
sūirán hěnduō zhōngguó niánqīngrén gùo yángjié, dàn tāmen dàbùfēn rén bù zhīdào zhè xiē yángjié de hányì hé láilì, tāmen zhǐbúguò bǎ guò yángjié kànzuò shì biǎodá gǎnqíng de gōngjù. cóng jiātíng jùhuì de yìyì shàng jiǎng, “yángjié” de yìyì yǒngyuǎn dōu bǐbushàng

中国人自己的传统节日, 比如春节和中秋节。(247字)
zhōngguórén zìjǐ de chuántǒng jiérì, bǐrú chūnjié hé zhōngqiūjié.

새로운 단어

节日	jiérì	(명) 기념일, 명절
洋节	yángjié	(명) 서양에서 들어온 기념일
并不	bìngbù	(부) 결코 …하지 않다, 결코 …이 아니다
陌生	mòshēng	(형) 생소하다, 낯설다
圣诞节	Shèngdàn Jié	(명) 크리스마스, 성탄절
情人节	Qíngrén Jié	(명) 발렌타인 데이
愚人节	Yúrén Jié	(명) 만우절
追捧	zhuīpěng	(동) 열광적으로 사랑을 받다
装饰	zhuāngshì	(동) 장식하다 (명) 장식
圣诞树	shèngdànshù	(명) 크리스마스 트리
圣诞老人	Shèngdàn Lǎorén	(명) 산타클로스
礼品	lǐpǐn	(명) 선물
展开	zhǎnkāi	(동) 펴다, 펼치다, 전개하다
促销	cùxiāo	(동) 판매를 촉진시키다
显眼	xiǎnyǎn	(형) 눈에 띄다, 두드러지다, 뚜렷하다
位置	wèizhì	(명) 위치, 지위
玫瑰花	méiguīhuā	(명) 장미
含义	hányì	(명) 내포된 뜻, 담겨진 의미
来历	láilì	(명) 내력, 이력, 유래
工具	gōngjù	(명) 공구, 작업 도구
聚会	jùhuì	(명) 모임 (동) 모이다, 집합하다
永远	yǒngyuǎn	(부) 영원히, 늘, 항상 언제나
比不上	bǐbushàng	(동) 비교할 수 없다, 비교가 되지 않다

주석

1. 对于……来说

개사 对于는 '~ 에' '~에 대하여'라는 뜻이다. 관련된 사물이나 일 등의 화제를 끌어오는 역할을 한다.

예 对于农民来说, 土地如同生命。

duìyú nóngmín láishuō, tǔdì rútóng shēngmìng.

농민에게 토지란 생명과도 같은 것이다.

对于饭店来说, 办婚宴还是个"甜活儿"。

duìyú fàndiàn láishuō, bàn hūnyàn hái shì ge "tián huóer".

호텔에게 결혼식 피로연은 여전히 벌이가 좋은 일이다.

2. 只不过

'不过'는 '~에 지나지 않다' '~에 불과하다'는 의미인데, 只와 함께 쓰이면 어기가 더욱 강해진다. 어기조사 罢了, 就是了, 而已 등과 호응하여 쓰이는 경우가 많이 있다.

예 这本词典很有用, 只不过贵了些。

zhè běn cídiǎn hěn yǒuyòng, zhǐbúguò guì le xiē.

이 사전은 유용한데, 단지 약간 비쌀뿐이다.

只不过说一声罢了。

zhǐbúguò shuō yīshēng bà le.

단지 한마디했을 뿐이다.

연습문제

1. 본문을 읽고 난 후에 빈 칸에 들어갈 적당한 단어를 채우시오.

(1) 洋节, (　　　　)现代的中国人(　　　　)并不陌生。

(2) “洋节”的意义永远都(　　　　)中国人自己的传统节日。

2. 본문의 내용에 근거하여 다음 질문에 대한 답을 고르시오.

(1) 다음중 틀린 것을 하나 고르시오. (　　)

A. 중국 젊은이들은 서양명절을 지내는 것을 감정표현의 수단으로 간주한다.

B. 크리스마스, 발렌타이데이 등 서양명절을 점점 더 많은 젊은이들이 사랑한다.

C. 많은 중국 젊은이들의 서양명절의 의미와 내력에 대해서 잘알고 있다.

D. 서양명절은 전통명절에 비해서 가족모임의 성격이 약하다.

(2) 다음 중 맞는 것을 하나 고르시오. (　　)

A. 매년 11월이 되면 쇼핑몰에서 크리스마스트리, 산타클로스, 크리스마스선물을 볼 수 있다.

B. 발렌타이데이가 되면 초콜렛과 장미가 인기이다.

C. 国庆节, 劳动节 등은 중국 전통 명절로 볼 수 있다.

D. 발렌타이데이가 되면 판매촉진활동을 하지 않는다.

3. 다음에 주어진 한국어 문장을 중국어로 작문하시오. (주어진 단어를 활용할 것)

(1) 초콜렛이 가장 눈에 띄는 위치에 진열된다.

被　巧克力　位置　摆　的　在　最　显眼

(　　　　　　　　　　　　　　　　　　　　　　　　　　　　　　)

(2) 서양 명절은 중국에서 점점 더 많은 젊은이의 사랑을 받고 있다.

年轻人　洋节　多　在　的　中国　受到　越来越　追捧

(　　　　　　　　　　　　　　　　　　　　　　　　　　　　　　)

(二) 中国的传统节日

中国的传统节日很多，比较重要的有四个：春节、清明节、端午节、中秋节。
zhōngguó de chuántǒng jiérì hěnduō, bǐjiào zhòngyào de yǒu sì ge: chūnjié、qīngmíngjié、duānwǔjié、zhōngqiūjié.

中国农历新年的第一天是春节，是中国人最重要的传统节日。春节的前一晚叫除夕，这一晚家家户户贴春联、放爆竹，全家一起吃年夜饭。春节这天人们会互相拜年，长辈要给晚辈压岁钱，祝福孩子健康成长。节日期间的庆祝活动多种多样，有舞狮、舞龙的，还有踩高跷、扭秧歌、看花灯等等。
zhōngguó nónglì xīnnián de dìyītiān shì chūnjié, shì zhōngguórén zuì zhòngyào de chuántǒng jiérì. chūnjié de qián yī wǎn jiào chúxī, zhè yī wǎn jiājiāhùhù tiē chūnlián、fàng bàozhú, quánjiā yìqǐ chī niányèfàn. chūnjié zhètiān rénmen huì hùxiāng bàinián, zhǎngbèi yào gěi wǎnbèi yāsuìqián, zhùfú háizi jiànkāng chéngzhǎng. jiérì qījiān de qìngzhù huódòng duō zhǒng duōyàng, yǒu wǔshī、wǔlóng de, háiyǒu cǎigāoqiāo、niǔyānggē、kàn huādēng děngděng.

清明节是一个纪念祖先和去世亲人的节日，通常在农历三月前后，主要的纪念仪式是祭祖扫墓。以前的中国人还会在这一天进行踏青、荡秋千、放风筝等活动。
qīngmíngjié shì yí ge jìniàn zǔxiān hé qùshì qīnrén de jiérì, tōngcháng zài nónglì sān yuè qiánhòu, zhǔyào de jìniàn yíshì shì jìzǔ sǎomù. yǐqián de zhōngguórén hái huì zài zhè yìtiān jìnxíng tàqīng、dàngqiūqiān、fàng fēngzheng děng huódòng.

农历五月初五是端午节，是一个防疫祛病、避瘟驱毒、祈
nónglì wǔ yuè chūwǔ shì duānwǔjié, shì yí ge fángyì qūbìng、bì wēn qū dú、qí

求健康的民俗佳节。关于端午节的由来，影响最大的说法是
qiú jiànkāng de mínsú jiājié. guānyú duānwǔjié de yóulái, yǐngxiǎng zuì dà de shuōfǎ shì

为了纪念两千多年前投江而死的忠臣屈原。人们在屈原死
wèile jìniàn liǎngqiān duōnián qián tóujiāng ér sǐ de zhōngchén Qūyuán. rénmen zài Qūyuán sǐ

后，划着船去打捞他的尸体，还把粽子扔在水中，以免鱼虾吃
hòu, huázhe chuán qù dǎlāo tā de shītǐ, hái bǎ zòngzi rēng zài shuǐzhōng, yǐmiǎn yúxiā chī

掉屈原的身体。过端午活动各种各样，比较普遍的习俗是赛
diào Qūyuán de shēntǐ. guò duānwǔ huódòng gèzhǒng gèyàng, bǐjiào pǔbiàn de xísú shì sài

龙舟、吃粽子。
lóngzhōu、chī zòngzi.

农历八月十五中秋节是中国的第二大传统节日。中秋节
nónglì bā yuè shíwǔ zhōngqiūjié shì zhōngguó de dìèr dà chuántǒng jiérì. zhōngqiūjié

晚上的月亮圆满，象征着一家人的团圆。节日之夜，团聚在一
wǎnshang de yuèliang yuánmǎn, xiàngzhēng zhe yìjiā rén de tuányuán. jiérì zhī yè, tuánjù zài yì

起的人们会一起吃月饼、赏月，祈求家人生活美满、幸福、平
qǐ de rénmen huì yìqǐ chī yuèbǐng、shǎngyuè, qíqiú jiārén shēnghuó měimǎn、xìngfú、píng

安。(450字)
ān.

새로운 단어

清明节	Qīngmíng Jié	(명) 청명절
端午节	Duānwǔ Jié	(명) 단오절
中秋节	Zhōngqiū Jié	(명) 추석
农历	nónglì	(명) 음력

春节	chūnjié	(명) 춘절, 음력 정월 초하루
除夕	chúxī	(명) 섣달 그믐날
家家户户	jiājiāhùhù	(명) 집집마다, 매 집마다
春联	chūnlián	(명) 춘련
爆竹	bàozhú	(명) 폭죽
年夜饭	niányèfàn	(명) 섣달그믐날 저녁에 온 식구가 함께 먹는 음식
拜年	bàinián	(동) 신년을 축하하다, 세배하다
长辈	zhǎngbèi	(명) 손윗사람, 연장자
晚辈	wǎnbèi	(명) 손아랫사람, 후배
压岁钱	yāsuìqián	(명) 세뱃돈
祝福	zhùfú	(명) 축복 (동) 축복하다
庆祝	qìngzhù	(동) 경축하다
舞狮	wǔshī	(명) 사자춤
舞龙	wǔlóng	(명) 용춤 [정월 대보름에 추는 중국의 민속춤]
踩高跷	cǎi gāoqiāo	(동) 높은 나무다리를 타고 걷다 [긴 나무 막대기를 발에 묶고 올라서서 걷거나 춤을 추는 민속 놀이]
扭秧歌	niǔyānggē	(동) 모내기 춤을 추다
花灯	huādēng	(명) 정월대보름의 관상용 꽃등
纪念	jìniàn	(동) 기념하다
祖先	zǔxiān	(명) 선조, 조상
亲人	qīnrén	(명) 직계 친족, 친척
通常	tōngcháng	(명) 통상, 보통, 평상시
仪式	yíshì	(명) 의식
祭祖	jìzǔ	(동) 조상에게 제사 지내다
扫墓	sǎomù	(동) 성묘하다
踏青	tàqīng	(동) 답청하다 [清明节을 전후로 풀이 자란 교외를 거닐며 노는 풍속]

荡秋千	dàngqiūqiān	(동) 그네를 타다
风筝	fēngzheng	(명) 연
防疫	fángyì	(동) 방역하다, 전염병을 예방하다
祈求	qíqiú	(동) 바라다, 간구하다, 간청하다
民俗	mínsú	(명) 민속
佳节	jiājié	(명) 즐거운 명절, 아름다운 명절
说法	shuōfǎ	(명) 의견, 견해
忠臣	zhōngchén	(명) 충신
打捞	dǎlāo	(동) 인양하다, 건져내다
尸体	shītǐ	(명) 시체
粽子	zòngzi	(명) 쫑즈 [찹쌀을 대나무 잎사귀나 갈대잎에 싸서 삼각형으로 묶은 후 찐 떡]
以免	yǐmiǎn	(접) ~하지 않도록, ~않기 위해서
鱼虾	yúxiā	(명) 물고기와 새우
普遍	pǔbiàn	(형) 보편적인, 일반적인, 널리 퍼져 있는
龙舟	lóngzhōu	(명) 용처럼 장식한 배, 용선
月亮	yuèliang	(명) 달
圆满	yuánmǎn	(형) 원만하다, 완벽하다, 훌륭하다
象征	xiàngzhēng	(명) 상징 (동) 상징하다
团圆	tuányuán	(명) 단원
团聚	tuánjù	(동) 한자리에 모이다
月饼	yuèbǐng	(명) 월병 [중국에서 중추절에 먹는, 소를 넣어 만든 음식]
赏月	shǎngyuè	(동) 달구경하다, 달맞이하다
平安	píngān	(형) 평안하다, 무사하다

주석

1. 关于

개사 关于는 '~에 관하여'라는 뜻으로, 어떤 행위에 관계되는 것을 이끌어 내어 개사구를 만든다.

예 他读了几本关于政治经济学的书。
tā dú le jǐběn guānyú zhèngzhì jīngjìxué de shū.
그는 정치경제학에 관한 책을 몇 권 읽었다.

关于此事, 我全不知。
guānyú cǐshì, wǒ quán bùzhī.
이 일에 관해 나는 전혀 모른다.

2. 以免

접속사 以免 은 '~하지 않기 위해서'라는 의미이다. 어떤 원하지 않는 상황이 발생하는 것을 피할 때에 사용한다. 뒷절의 처음에 주로 사용하고, 주어는 왕왕 생략한다. 서면어에 주로 사용한다.

예 把衣服挂起来以免皱。
bǎ yīfu guà qǐlái yǐmiǎn zhòu.
구겨지지 않게 옷을 걸어 놓아라.

做事不能全凭感觉判断, 以免发生错误。
zuòshì bùnéng quánpíng gǎnjué pànduàn, yǐmiǎn fāshēng cuòwù.
일을 할 때는 잘못이 발생하지 않도록, 완전히 느낌으로만 판단해서는 안된다.

3. 象征着……

'상징한다'는 의미로 사용된다.

예 中国结的意义很美好, 象征着平安和幸福。

zhōngguó jié de yìyì hěn měihǎo, xiàngzhēng zhe píng'ān hé xìngfú.

중국 매듭의 의미는 아름다운데, 평안과 행복을 상징한다.

咕咕叫的鸽子象征着和平。

gūgū jiào de gēzi xiàngzhēng zhe hépíng.

'구구' 우는 비둘기는 평화를 상징한다.

연습문제

1. 본문을 읽고 난 후에 빈 칸에 들어갈 적당한 단어를 채우시오.

(1) 中国的传统节日很多, 比较重要的有四个: (　　　　)。

(2) 农历五月初五是(　　　　)。

(3) 中秋节晚上的月亮圆满, (　　　　)一家人的团圆。

2. 본문의 내용에 근거하여 다음 질문에 대한 답을 고르시오.

(1) 春节에 대한 설명이다. 틀린 것을 하나 고르시오. (　　)

A. 음력 새해 첫날로서, 중국인에게 가장 중요한 전통 명절이다.

B. 섣달 그뭄날 밤에는 집집마다 춘련을 붙이고, 폭죽을 터뜨리고, 제야의 음식을 먹는다.

C. 쫑즈를 먹는 습관이 있다.

D. 사자춤, 용춤, 장대다리춤 등을 춘다.

(2) 端午节에 대한 설명이다. 맞은 것을 하나 고르시오. (　　)

A. 전염병과 질병을 예방하고 건강을 기원하는 민속 명절이다.

B. 조상과 돌아가신 친족을 기리는 명절이다.

C. 사자춤, 용춤 등을 추고, 꽃등보기 등의 활동을 한다.

D. 서로 세배를 하고, 집안어른들은 손아랫사람에게 세배돈을 준다.

3. 다음에 주어진 한국어 문장을 중국어로 작문하시오. (주어진 단어를 활용할 것)

(1) 어른들은 손아랫사람에게 세배돈을 준다.

要　长辈　压岁钱　晚辈　给

(　　　　　　　　　　　　　　　　　　　　)

(2) 사람들은 배를 저어가서 그의 시체를 인양했다.

他 尸体 船 人们 划的 去 着 打捞

( )

4. 본문을 읽고 난 후에 다음 문장의 적부(O, X)를 판단하시오.

(1) 农历八月十五中秋节是中国的第二大传统节日。( )

(2) 以前的中国人过清明节时还会进行踏青、荡秋千、放风筝等活动。( )

구(词组)II

5. 연합구(联合词组)

둘 혹은 그 이상의 부분으로 구성되며 구성부분 사이의 관계는 병렬적이거나 선택적이다.

예 调查研究 diàocháyánjiū 조사연구하다
北京, 上海和广州 běijīng, shànghǎi hé guǎngzhōu 베이징, 상하이와 광저우

伟大而质朴 wěidà ér zhìpǔ 위대하고 소박하다
今天或明天 jīntiān huò míngtiān 오늘 혹은 내일

6. 동위구(同位词组)

두 부분이 중복되어 동일한 사물을 지시한다.

예 中国的首都北京 zhōngguó de shǒudū běijīng 중국의 수도 베이징
他们俩 tāmen liǎ 그들 둘

7. 연동구(连动词组)

두개 이상의 동사가 연이어 나오며 그들 사이에는 主谓, 联合, 动宾, 偏正, 补充등의 관계가 없다.

예 拿笔写字 ná bǐ xiězì 펜을 들고 글자를 쓰다
走过去开门 zǒu guòqù kāimén 걸어가서 문을 열다

8. 겸어구(兼语词组)

하나의 动宾词组와 하나의 主谓词组가 겹쳐 나와서, 动宾词组의 빈어가

主谓词组의 주어를 겸한다.

예 让我走 ràng wǒ zǒu 나를 가게 하라　　使他相信 shǐ tā xiāngxìn 그를 믿게 하다

위 여덟가지 이외에도 수량구(数量词组(수사와 양사로 구성) : 三个, 一百零八条)와 방위구(方位词组 : 西湖边, 开会前, 长江和黄河之间) 등을 구의 종류로 인정해야 한다고 주장하는 학자들도 있다.

또, 6번 동위구를 5번 연합구에 편입시키고, 8번 겸어구를 7번 연동구에 편입시켜야 한다고 주장한는 학자들도 많다. 즉 그들의 입장에서 보면 현대중국어에는 편정구(偏正词组), 동보구(动补词组), 동목구(动宾词组), 주술구(主述词组), 연합구(联合词组), 연동구(连动词组) 이렇게 6개의 구가 존재할 뿐이다.

※ 구의 기능상 분류

기능적인 측면에서 분류했을 때 현대중국어에는 3개의 구가 있다.

1. 명사성 구 : 명사가 중심이 되는 편정구, 양사구, 방위구, 的자구, 所자구 등

예 实在人 shízàirén 성실한 사람　　两张 liǎngzhāng 두 장
饭后 fànhòu 식후　　红的 hóngde 붉은　　所得 suǒdé 소득

2. 동사성 구 : 동목구조, 동사가 중심이 되는 편정구 또는 보어구 등

예 干工作 gàn gōngzuò 일을 하다　　慢慢地跑 mànmàn de pǎo 천천히 달리다
写得很清楚 xiě de hěn qīngchǔ 글씨를 뚜렷하게 잘 쓴다

3. 형용사성 구 : 형용사가 중심이 되는 편정구와 보어구 등

예 特别忙 tèbié máng 아주 바쁘다　　贵得很 guì de hěn 매우 비싸다
聪明可爱 cōngmíng kěài 똑똑하고 귀엽다

06

愉快的周末

(一) 怎样过周末

어떻게 주말을 보내는가

(二) 周末, 拥抱大自然

주말, 대자연을 품다

(一) 怎样过周末

随着生活节奏的加快，来自生活、工作、家庭等各方面的压力越来越困扰着人们。辛苦工作学习了五天后，不少人都渴望周末通过旅游、娱乐等休闲方式来缓解压力，放松自我。那么怎样过周末才能玩得尽兴，过得有意义呢？下面，让我们看看他们是怎么过周末的吧。

suízhe shēnghuó jiézòu de jiākuài, láizì shēnghuó、gōngzuò、jiātíng děng gè fāngmiàn de yālì yuèláiyuè kùnrǎo zhe rénmen. xīnkǔ gōngzuò xuéxí le wǔ tiān hòu, bùshǎo rén dōu kěwàng zhōumò tōngguò lǚyóu、yúlè děng xiūxián fāngshì lái huǎnjiě yālì, fàngsōng zìwǒ. nàme zěnyàng guò zhōumò cái néng wán de jìnxìng, guòde yǒu yìyì ne? xiàmiàn, ràng wǒmen kànkàn tāmen shì zěnme guò zhōumò de ba.

张女士：平时坐办公室缺乏锻炼，周末一般会参加体育活动，爬山、游泳、打球是我的必选项目。

zhāng nǚshì: píngshí zuò bàngōngshì quēfá duànliàn, zhōumò yìbān huì cānjiā tǐyù huódòng, páshān、yóuyǒng、dǎqiú shì wǒ de bì xuǎn xiàngmù.

王先生：周末的时候约几个朋友去酒吧坐坐，边喝边聊，把一个星期的压力全部赶走。

wáng xiānsheng: zhōumò de shíhou yuē jǐ ge péngyou qù jiǔbā zuòzuò, biān hē biān liáo, bǎ yí ge xīngqī de yālì quánbù gǎnzǒu.

宋小姐：女孩子都喜欢购物，我也不例外。到了周末，约

sòng xiǎojiě: nǚháizi dōu xǐhuan gòuwù, wǒ yě bú lìwài. dào le zhōumò, yuē

上自己的好朋友在大商场里逛上几个小时，就算没买到
shàng zìjǐ de hǎo péngyou zài dà shāngchǎng lǐ guàng shàng jǐ ge xiǎoshí, jiùsuàn méi mǎi dào

什么合适的东西也饱了眼福。(261字)
shénme héshì de dōngxi yě bǎo le yǎnfú.

새로운 단어

随着	suízhe	(동) …따라서, …에 따라
节奏	jiézòu	(명) 리듬, 박자
加快	jiākuài	(동) 빠르게 하다, 속도를 올리다
来自	láizì	(동) ~(로)부터 오다, ~에서 나오다
家庭	jiātíng	(명) 가정
困扰	kùnrǎo	(동) 귀찮게 굴다, 괴롭히다
辛苦	xīnkǔ	(형) 고생스럽다, 고되다
渴望	kěwàng	(동) 갈망하다, 간절히 바라다
娱乐	yúlè	(명) 오락, 즐거움
休闲	xiūxián	(동) 한가하게 지내다, 한가롭게 보내다
缺乏	quēfá	(동) 결핍되다, 결여되다
锻炼	duànliàn	(동) 단련하다
爬山	páshān	(동) 등산하다 (명) 등산
打球	dǎqiú	(동) 공을 차다, 공놀이하다
项目	xiàngmù	(명) 항목, 종목, 사항
赶走	gǎnzǒu	(동) 쫓아내다, 내쫓다
购物	gòuwù	(동) 물건을 구입하다, 쇼핑하다
例外	lìwài	(명) 예외, (동) 예외로 하다
合适	héshì	(형) 적당하다, 알맞다
眼福	yǎnfú	(명) 눈요기

주석

1. 缓解

'완화되다', '완화시키다'의 의미로 사용된다.

예 经过全体市民的共同努力, 灾情有所缓解。

jīngguò quántǐ shìmín de gòngtóng nǔlì, zāiqíng yǒusuǒ huǎnjiě.

시민 모두의 노력을 통해, 재난 상황이 어느정도 해결되었다.

这场及时雨能使旱情有所缓解。

zhè cháng jíshíyǔ néng shǐ hànqíng yǒusuǒ huǎnjiě.

이번 단비가 가뭄을 어느 정도 해소할 수 있을 것이다.

2. 边V1边V2

'~하면서 ~하다'라는 의미로 쓰이며, 동시에 두 가지의 상황이나 상태가 존재함을 나타낸다. 일반적으로 구체적인 동작 행위를 나타내는 동사를 연결한다.

예 咱们边走边聊一会儿, 怎么样?

zánmen biān zǒu biān liáo yíhuìr, zěnmeyàng.

우리 잠깐 걸으면서 이야기 좀 할까요?

老师一边讲课, 一边在黑板上写字。

lǎoshī yìbiān jiǎngkè, yìbiān zài hēibǎn shàng xiězì.

선생님은 수업을 하면서 칠판에 글씨를 쓰셨다.

3. 就算A也B

'A한다 하더라도, B하다'의 뜻이다. 앞절(종속절)은 어떤 진실되거나 가정적인 사실을 인정하면서 양보의 의미를 나타내고, 뒷절(주절)은 상대적이거나 상반된 입장에서 의견을 제시한다. 즉, 양보전환관계를 표현하는 복문을 이룬다. '即使A也B' '即便A也B' '哪怕A也B'와 유사한 표현이다.

예 他是个就算看到蚂蚁也会说恶心避开的人。
tā shì gè jiùsuàn kàndào mǎyǐ yě huì shuō ěxin bìkāi de rén.
그는 개미만 보고도 징그럽다고 피하는 사람이다.

我就算做梦也不会想到去利用你的。
wǒ jiùsuàn zuòmèng yě bú huì xiǎngdào qù lìyòng nǐ de.
나는 너를 이용할 생각은 꿈에도 없었다.

연습문제

1. 본문을 읽고 난 후에 빈 칸에 들어갈 적당한 단어를 채우시오.

(1) 不少人都渴望周末通过旅游、娱乐等休闲方式来(　　　　　)压力, (　　　　　)自我。

(2) 周末的时候约几个朋友去酒吧坐坐, (　　　　　)喝(　　　　　)聊, 把一个星期的压力全部赶走。

2. 주말에 하는 활동을 설명한 다음의 예 중에서 틀린 것을 고르시오. (　)

A. 장여사는 일반적으로 체육활동(등산, 수영 등)에 참석한다.

B. 왕선생은 일반적으로 야외활동(캠핑, 여행 등)에 참석한다.

C. 미스리는 일반적으로 친구들과 함께 쇼핑(아이쇼핑 포함)을 한다.

3.다음에 주어진 한국어 문장을 중국어로 작문하시오. (주어진 단어를 활용할 것)

(1) 그러면 어떻게 해야 비로서 주말을 신나게 보낼 수 있을까?

能 怎样 才 玩 呢 得 周末 尽兴 那么 过

(　　　　　　　　　　　　　　　　　　　　　　　　　　　)

(2) 일주일의 스트레스를 모두 날려버립니다.

压力 个 走 把 一 的 赶 星期 全部

(　　　　　　　　　　　　　　　　　　　　　　　　　　　)

(二) 周末，拥抱大自然

去年一次偶然的机会，我认识了户外运动俱乐部的一帮
qùnián yícì ǒurán de jīhuì, wǒ rènshi le hùwài yùndòng jùlèbù de yì bāng

朋友，看着他们经常背着大背包走南闯北的觉得挺新鲜，他
péngyou, kàn zhe tāmen jīngcháng bēi zhe dà bēibāo zǒunánchuǎngběi de juéde tǐng xīnxiān, tā

们的脸上都写满着激情和快乐，让我也挺羡慕。在他们的带
men de liǎnshàng dōu xiě mǎn zhe jīqíng hé kuàilè, ràng wǒ yě tǐng xiànmù. zài tāmen de dài

动下，我尝试着参加了他们的一次野外露营活动，这一次活
dòng xià, wǒ chángshì zhe cānjiā le tāmen de yícì yěwài lùyíng huódòng, zhè yícì huó

动让我感受颇深：第一次睡在野外搭建的帐篷里；第一次围
dòng ràng wǒ gǎnshòu pō shēn: dìyícì shuì zài yěwài dājiàn de zhàngpeng lǐ; dìyícì wéi

坐在篝火旁说说笑笑；第一次腰上系根保险绳从桥下速降；
zuò zài gōuhuǒ páng shuōshuō xiàoxiào; dìyícì yāo shàng jìgēn bǎoxiǎn shéng cóng qiáo xià sùjiàng;

第一次感觉到户外的空气是那么清新……
dìyícì gǎnjué dào hùwài de kōngqì shì nàme qīngxīn……

我想，与其周末在家里对着电脑发呆，不如走出家门参加
wǒ xiǎng, yǔqí zhōumò zài jiālǐ duì zhe diànnǎo fādāi, bùrú zǒu chū jiāmén cānjiā

户外活动，对自己的身心健康都有好处。后来我加入了俱乐
hùwài huódòng, duì zìjǐ de shēnxīn jiànkāng dōu yǒu hǎochù. hòulái wǒ jiārù le jùlè

部成为了一名正式会员，而且买了一套户外装备。只要天气
bù chéngwéi le yìmíng zhèngshì huìyuán, érqiě mǎi le yítào hùwài zhuāngbèi. zhǐyào tiānqì

好，俱乐部周末就会组织活动，上个周末我们去野外露营了
hǎo, jùlèbù zhōumò jiù huì zǔzhī huódòng, shàng ge zhōumò wǒmen qù yěwài lùyíng le

两天，还来了一次烤全羊。
liǎng tiān, hái lái le yícì kǎo quán yáng.

和平常的旅游不一样，住帐篷、野营能让参加的人体现
hé píngcháng de lǚyóu bù yíyàng, zhù zhàngpeng、yěyíng néng ràng cānjiā de rén tǐxiàn

出彼此之间的团结友爱。好多朋友都说活得太累，其实这种
chū bǐcǐ zhījiān de tuánjiéyǒuài. hǎoduō péngyou dōu shuō huó de tài lèi, qíshí zhèzhǒng

累是来自于心理上的，当你背起背包和一大群人说说笑笑地
lèi shì láizì yú xīnlǐ shàng de, dāng nǐ bēi qǐ bēibāo hé yí dà qún rén shuōshuō xiàoxiào de

投入到大自然怀抱的时候，所有生活中的烦恼和压力都能抛
tóurù dào dàzìrán huáibào de shíhou, suǒyǒu shēnghuó zhōng de fánnǎo hé yālì dōu néng pāo

之脑后，所有的名利与金钱都与自己无关，这个时候，你才是
zhī nǎo hòu, suǒyǒu de mínglì yǔ jīnqián dōu yǔ zì jǐ wúguān, zhège shíhou, nǐ cái shì

一个真正健康快乐的人。
yíge zhēnzhèng jiànkāng kuàilè de rén.

户外运动给我平凡的生活带来了活力和健康，也让我的
hùwài yùndòng gěi wǒ píngfán de shēnghuó dàilái le huólì hé jiànkāng, yě ràng wǒ de

心态变得更加平和，让我更加积极乐观地面对每个新的一
xīn tài biàn de gèng jiā píng hé, ràng wǒ gèngjiā jījí lèguān de miànduì měige xīn de yì

天。(478字)
tiān.

编辑：吴艳敏 稿源：国际在线

http: // gb.cri.cn / 6851 / 2005 / 10 / 20 / 1083@747065.htm

새로운 단어

偶然	ǒurán	(부) 우연히, 뜻밖에 (형) 우연하다
户外	hùwài	(명) 야외, 실외
俱乐部	jùlèbù	(명) 클럽
背包	bēibāo	(명) 배낭
走南闯北	zǒunánchuǎngběi	(성) 각지를 돌아다니다
新鲜	xīnxiān	(형) 신선하다, 싱싱하다
激情	jīqíng	(명) 열정, 열정적인 감정
羡慕	xiànmù	(동) 부러워하다, 흠모하다
带动	dàidòng	(동) 움직이다, 이끌어 나가다
尝试	chángshì	(동) 시도해 보다, 시험해 보다
野外	yěwài	(명) 야외, 교외
露营	lùyíng	(동) 야영하다, 캠핑하다
感受	gǎnshòu	(동) 영향을 받다, 느끼다 (명) 느낌, 인상
搭建	dājiàn	(동) (천막, 건물 등을) 세우다, (부서, 단체 등을) 조직하다
帐篷	zhàngpeng	(명) 장막, 천막, 텐트
围坐	wéizuò	(동) 둘러앉다
篝火	gōuhuǒ	(명) 모닥불, 횃불
说说笑笑	shuōshuōxiàoxiào	(동) 이야기로 웃음꽃을 피우다
保险	bǎoxiǎn	(명) 보험

清新	qīngxīn	(형) 깨끗하고 새롭다
发呆	fādāi	(동) 멍하다. 멍해지다
好处	hǎochu	(명) 이로운 점, 장점
成为	chéngwéi	(동) ~이 되다, ~(으)로 되다
正式	zhèngshì	(형) 정식의, 공식의
装备	zhuāngbèi	(명) 장비 (동) 장착하다, 장치하다
组织	zǔzhī	(명) 조직 (동) 조직하다
体现	tǐxiàn	(동) 구현하다
彼此	bǐcǐ	(대) 상호, 서로
之间	zhījiān	(명) 사이, 지간
团结友爱	tuánjiéyǒu'ài	서로 뭉치고 우애롭다
投入	tóurù	(동) 투입하다, 뛰어들다, 돌입하다
名利	mínglì	(명) 명예와 이익
金钱	jīnqián	(명) 금전, 돈
无关	wúguān	(동) 무관하다, 상관없다
真正	zhēnzhèng	(형) 진정한, 참된 (부) 정말로, 진짜로
平凡	píngfán	(형) 평범하다
平和	pínghé	(형) 평온하다, 차분하다, 온화하다
乐观	lèguān	(형) 낙관적이다, 희망차다
面对	miànduì	(동) 마주 보다, 직면하다

주석

1. 与其A, 不如B

A하느니 B하는 편이 낫다의 의미로 쓰인다. 앞절과 뒷절 중에서 뒷절(주절)을 선택한다는 의미로서, 선택복문이 된다.

예 与其就这么在车里耗时间, 还不如走过去呢。

yǔqí jiù zhème zài chēlǐ hào shíjiān, hái bùrú zǒu guòqù ne.

차 안에서 이렇게 시간을 보내느니 차라리 걸어갈 걸 그랬다.

与其说我干得好, 不如说我是运气好。

yǔqí shuō wǒ gàn de hǎo, bùrú shuō wǒ shì yùnqì hǎo.

제가 잘했다기보다는 운수가 좋았다고 말할 수 있습니다.

2. 只要A, 就B

단지 A하기만 하면 B한다. 조건관계를 나타낸다. 앞절(종속절)은 조건을 나타내고, 뒷절(주절)은 이러한 조건을 만족시킨 후의 결과를 설명한다.

예 这项工作很简单, 只要如法炮制就可以了。

zhè xiàng gōngzuò hěn jiǎndān, zhǐyào rúfǎpáozhì jiù kěyǐ le.

이 일은 아주 간단해, 그냥 규정대로만 하면 된다.

学习只要努力就会有取得好成绩的。

xuéxí zhǐyào nǔlì jiù huì yǒu qǔdé hǎo chéngjì de.

공부는 노력하면 좋은 성적을 얻을 수 있다.

연습문제

1. 본문을 읽고 난 후에 빈 칸에 들어갈 적당한 단어를 채우시오.

(1) 我想, (　　　　)周末在家里对着电脑发呆, (　　　　)走出家门参加户外活动, 对自己的身心健康都有好处。

(2) (　　　　) 他们的带动(　　　　), 我尝试(　　　　) 参加(　　　　) 他们的一次野外露营活动, 这一次活动让我感受颇深。

(3) (　　　　) 天气好, 俱乐部周末(　　　　) 会组织活动。

2. 다음 중에서 본문의 내용과 다른 것을 하나 고르시오. (　　)

A. 많은 친구들이 사는 것이 피곤하다고 하는데, 사실 이런 피곤함은 심리적인 것에서 기인한다.

B. 야외활동은 나의 평범한 생활에 건강과 재산을 가져다 주었다.

C. 나중에 나는 동아리(야외활동하는)에 가입해서 정회원이 되었고, 야외 장비 세트를 샀다.

3. 다음에 주어진 한국어 문장을 중국어로 작문하시오. (주어진 단어를 활용할 것)

(1) 처음으로 야외의 공기가 그렇게 산뜻하다는 것을 느꼈다.

清新　那么　到　第一次　感觉　是 的　空气　户外

(　　　　　　　　　　　　　　　　　　　　　　　　)

(2) 지난 주말에 야외로 이틀동안 캠핑을 갔다.

两天　去　了　个　露营　周末　野外　上　我们

(　　　　　　　　　　　　　　　　　　　　　　　　)

(3) 야외운동은 내가 새로운 하루를 더욱 적극적이고 낙관적으로 마주하도록 만들었다.

积极　一天　户外运动　每个　让　我　更加　的　地　面对　新　乐观

(　　　　　　　　　　　　　　　　　　　　　　　　)

문법특강

的de의 쓰임

현대중국어에서 구조조사 的는 매우 광범위하게 쓰이고 있으며, 지금까지 많은 연구가 진행되었다. 대략적으로 다음의 4가지로 정리할 수 있다.

1. 관형어와 중심어 사이에서 소유, 수식관계 등을 나타냄.

예 我的书 wǒ de shū 나의 책
好看的东西 hǎo kàn de dōngxi 예쁜 물건

2. '동사 + 的', '형용사 + 的'나 '명사 / 대명사 + 的'의 형식은 '~ 것'이나 '~ 사람'으로 해석되어 명사화(名物化)된 것으로 판단한다.

예 这是我画的。
Zhè shì wǒ huà de.
이것은 내가 그린 것이다.

大的九岁, 小的四岁。
Dà de jiǔ suì, xiǎo de sì suì.
큰 애는 아홉살, 작은 애는 네 살이다.

他是我们班的。
Tā shì wǒmen bān de.
그는 우리반 사람(학생)이다.

3. 的는 서술문의 끝에 와서 '분명히 그렇다'는 확신의 어기를 나타낸다.

예 他会来的。 Tā huì lái de. 그 사람은 온다니까요.
天气够冷的。 Tiānqì gòu lěng de. 날씨가 엄청나게 춥네요.

他一走，我还怪想他的。
Tā yì zǒu, wǒ hái guài xiǎng tā de.
그가 떠나가니, 나는 오히려 그가 너무 보고 싶어.

4. '是……的' 문에 사용된다. '……'을 강조하고자 할 때, 자주 '是……的' 문을 사용한다.

예 我是昨天来的。
wǒ shì zuó tiān lái de.
나는 어제 왔다.

他是杀死李明的。
tā shì shā sǐ lǐ míng de.
그가 이명을 죽인 것이다.

07

健康生活

(一) 打太极拳

태극권을 하다

(二) 亚健康

서브 헬스

(一) 打太极拳

在中国的很多地方，每天早上你都可以看到有老人在打
zài zhōngguó de hěn duō dìfang, měitiān zǎoshang nǐ dōu kěyǐ kàndào yǒu lǎorén zài dǎ

太极拳、做健身操、跳舞什么的。中国的老年人特别喜欢打
tàijíquán、zuò jiànshēn cāo、tiàowǔ shénme de. zhōngguó de lǎoniánrén tèbié xǐhuan dǎ

太极拳。太极拳是一种比较慢的运动，对老年人的健康很有
tàijíquán tàijíquán shì yī zhǒng bǐjiào màn de yùndòng, duì lǎoniánrén de jiànkāng hěn yǒu

好处。许多老年人喜欢每天一起打太极拳，因为这不仅可以
hǎochù. xǔduō lǎoniánrén xǐhuan měitiān yì qǐ dǎ tàijíquán, yīnwèi zhè bùjǐn kěyǐ

锻炼身体，还可以互相交流，认识一些新朋友。打太极拳不
duànliàn shēntǐ, hái kěyǐ hùxiāng jiāoliú, rènshi yìxiē xīn péngyou. dǎ tàijíquán bù

需要租场地，也不需要特别的器材，公园、树下、广场、河边，
xūyào zū chǎngdì, yě bù xūyào tèbié de qìcái, gōngyuán、shùxià、guǎngchǎng、hébiān,

只要有一块空地，就可以打太极拳。如果你到中国来，也一定
zhǐyào yǒu yíkuài kòngdì, jiù kěyǐ dǎ tàijíquán. rúguǒ nǐ dào zhōngguó lái, yě yídìng

要学一下打太极拳。(192字)
yào xué yíxià dǎ tàijíquán.

새로운 단어

老人	lǎorén	(명) 노인
太极拳	tàijíquán	(명) 태극권
健身	jiànshēn	(동) 신체를 건강하게 하다
跳舞	tiàowǔ	(동) 춤을 추다
锻炼	duànliàn	(동) 단련하다
互相	hùxiāng	(부) 서로, 상호
交流	jiāoliú	(동) 교류하다, 서로 소통하다
场地	chǎngdì	(명) 장소, 운동장, 마당
器材	qìcái	(명) 기자재, 기구, 기재
空地	kòngdì	(명) 공간, 빈틈, 빈자리

주석

1. A, B, C什么的

'A, B, C 등등'의 의미로 예를 들어 나열할 때 쓰는 표현이다. 여기에서 什么는 非疑问용법으로서, 지칭하는 바는 虚指이다.

예 他夸口说请我们吃饭呀喝酒呀什么的。

tā kuākǒu shuō qǐng wǒmen chīfàn yā hējiǔ yā shénme de.

그는 우리들에게 밥을 사네, 술을 사네 등을 하며 허풍을 떨었다.

我孩子太喜欢电脑啊、电视什么的, 这是个问题。

wǒ háizi tài xǐhuan diànnǎo a、diànshì shénme de, zhè shì ge wèntí.

우리 아이는 컴퓨터라든지 TV라든지 하는 것들을 너무 좋아해서 문제예요.

2. 对A有好处

'A에 도움이 된다(좋다)'라는 뜻이다. 개사 对는 '~에게' '~에 대하여'의 의미로 사용된다.

예 早晨起来到户外呼吸一下新鲜空气, 对身体很有好处。

zǎochén qǐlái dào hùwài hūxī yíxià xīnxiān kōngqì, duì shēntǐ hěn yǒu hǎochù.

아침에 일어나 밖에 나가 신선한 공기를 들이마시는 것은 우리 몸에 좋다.

尝尝人生的酸甜苦辣, 对自己的成长有好处。

chángcháng rénshēng de suāntiánkǔlà, duì zìjǐ de chéngzhǎng yǒu hǎochù.

인생의 온갖 풍상을 겪는 것은 자기 자신의 성장에 도움이 된다.

3. 因为A(所以B)

접속사 因为 뒤에는 원인을 표현하는 내용이 온다. '因为A, 所以B' 형태로 앞절(종속절)에 원인을 표현하는 내용이 오고, 뒷절(주절)에 결과를 표현이 오는 형태(인과복문)로 표현할 수 있다.

예 他因为跳级所以早毕业一年。
tā yīnwèi tiàojí suǒyǐ zǎo bìyè yìnián.
그는 월반했기 때문에 1년 일찍 졸업한다.

因为昨天下雪了, 所以街道很滑。
yīnwèi zuótiān xiàxuě le, suǒyǐ jiēdào hěn huá.
어제 눈이 와서 길이 많이 미끄럽다.

4. 不仅A, 还B

'A일뿐 아니라, 또한 B하다'의 의미이다. 뒷절(주절)이 앞절(종속절)보다 정도가 심해짐을 나타내는 점층복문이다. 还를 대신하여 更이나 也를 쓸 수 있다.

예 他成了不仅在电视还在电影中出现的著名演员。
tā chéng le bùjǐn zài diànshì hái zài diànyǐng zhōng chūxiàn de zhùmíng yǎnyuán.
그는 tv는 물론 영화에도 나오는 유명한 배우가 되었다.

不仅刮风, 还下了雨。
bùjǐn guāfēng, hái xià le yǔ.
바람이 불뿐 아니라, 비가 내리기까지 한다.

5. 如果……

접속사 如果는'만약 ~라면'이라는 뜻으로, 가정된 상황을 나타낸다.

예 如果你要来, 请事先告诉我一声。

rúguǒ nǐ yào lái, qǐng shìxiān gàosu wǒ yìshēng.

만약 당신이 오겠다면 사전에 나에게 얘기해 주세요.

如果我也能一起去该有多好。

rúguǒ wǒ yě néng yìqǐ qù gāi yǒu duō hǎo.

나도 같이 갈 수 있었으면 참 좋을 텐데.

연습문제

1. 본문을 읽고 난 후에 빈 칸에 들어갈 적당한 단어를 채우시오.

(1) 中国的老年人特别喜欢打(　　)。

(2) (　　)你到中国来, (　　)一定要学一下打太极拳。

2. 다음에 주어진 한국어 문장을 중국어로 작문하시오. (주어진 단어를 활용할 것)

(1) 태극권은 노인들의 건강에 매우 좋다.

健康　的　有　对　老年人　太极拳　好处 很

(　　　　　　　　　　　　　　　　　　　　　　　　)

(2) 공터 하나만 있으면 즉시 태극권을 할 수 있다.

一块　太极拳　只要　打　有　可以　就　空地

(　　　　　　　　　　　　　　　　　　　　　　　　)

3. 본문을 읽고 난 후에 다음 문장의 적부(O, X)를 판단하시오.

(1) 打太极拳需要租场地。(　　)

(2) 太极拳是一种非常慢的运动。(　　)

(二) 亚健康

你最近工作紧张吗？学习压力大吗？你会不会常常失眠？
nǐ zuìjìn gōngzuò jǐnzhāng ma? xuéxí yālì dà ma? nǐ huì bú huì chángcháng shīmián?
会不会容易疲劳？你的胃口好吗？你经常感冒吗？如果你的
huì bú huì róngyì píláo? nǐ de wèikǒu hǎo ma? nǐ jīngcháng gǎnmào ma? rúguǒ nǐ de
回答都是肯定的，那你就要注意了，你可能正处于一种亚健
huídá dōu shì kěndìng de, nà nǐ jiù yào zhùyì le, nǐ kěnéng zhèng chǔyú yìzhǒng yàjiàn
康状态。
kāng zhuàngtài.

什么是亚健康？"亚健康"指的是一种处于生病与健康之
shénme shì yàjiànkāng? "yàjiànkāng" zhǐ de shì yìzhǒng chǔyú shēngbìng yǔ jiànkāng zhī
间的状态。虽然没有真的生病，但是身体和精神都不太好。
jiān de zhuàngtài. suīrán méiyǒu zhēn de shēngbìng, dànshì shēntǐ hé jīngshén dōu bú tài hǎo.

引起亚健康的原因有很多。主要是因为现代人的生活节
yǐnqǐ yàjiànkāng de yuányīn yǒu hěn duō. zhǔyào shì yīnwèi xiàndài rén de shēnghuó jié
奏太快，压力太大，长期处于紧张的环境中，如果不能调节
zòu tài kuài, yālì tài dà, chángqī chǔyú jǐnzhāng de huánjìng zhōng, rúguǒ bù néng tiáojié
好，就会出现亚健康状态。
hǎo, jiù huì chūxiàn yàjiànkāng zhuàngtài.

有什么办法可以防止亚健康呢?
yǒu shénme bànfǎ kěyǐ fángzhǐ yàjiànkāng ne?

首先, 要养成良好的生活习惯。例如, 要准时吃饭, 注意
shǒuxiān, yào yǎngchéng liánghǎo de shēnghuó xíguàn. lìrú, yào zhǔnshí chīfàn, zhùyì

营养, 不吃早餐、暴饮暴食、挑食等都是不好的习惯; 要保证
yíngyǎng, bù chī zǎocān、bàoyǐn bàoshí、tiāoshí děng dōu shì bù hǎo de xíguàn; yào bǎozhèng

足够的睡眠时间, 一个成年人一天最少要睡六到八个小时,
zúgòu de shuìmián shíjiān, yíge chéngniánrén yìtiān zuìshǎo yào shuì liù dào bā ge xiǎoshí,

中国人常说: 早睡早起身体好; 不要抽烟, 少喝酒。
zhōngguó rén cháng shuō: zǎoshuì zǎoqǐ shēntǐ hǎo; búyào chōuyān, shǎo hējiǔ.

其次, 要注意锻炼身体。现代人因为工作太忙, 连休息时
qícì, yào zhùyì duànliàn shēntǐ. xiàndài rén yīnwèi gōngzuò tài máng, lián xiūxi shí

间都不够, 更别说抽出时间锻炼身体了。但是运动对于身体
jiān dōu búgòu, gèng bié shuō chōuchū shíjiān duànliàn shēntǐ le. dànshì yùndòng duìyú shēntǐ

健康非常重要, 而且可以让人放松身心, 调节紧张的精神。
jiànkāng fēicháng zhòngyào, érqiě kěyǐ ràng rén fàngsōng shēnxīn, tiáojié jǐnzhāng de jīngshén.

最后, 要合理安排工作和学习的时间。工作和学习都很
zuìhòu, yào hélǐ ānpái gōngzuò hé xuéxí de shíjiān. gōngzuò hé xuéxí dōu hěn

重要, 但只是生活的一部分。劳逸结合是最好的办法。(434字)
zhòngyào, dàn zhǐ shì shēnghuó de yíbùfēn. láoyìjiéhé shì zuì hǎo de bànfǎ.

새로운 단어

紧张	jǐnzhāng	(형) 긴장해 있다, 불안하다
失眠	shīmián	(명) 불면 (동) 잠을 이루지 못하다
疲劳	píláo	(형) 피곤하다, 피로하다
胃口	wèikǒu	(명) 위, 식욕, (비유)흥미
感冒	gǎnmào	(동) 감기에 걸리다

肯定	kěndìng	(부) 확실히, 틀림없이 (동) 확신하다
注意	zhùyì	(동) 주의하다, 조심하다 (명) 주의, 조심
亚健康	yàjiànkāng	(명) (사전상 의미) 서브 헬스 (sub-health), (자연스러운 의미) 무기력한 건강 상태
处于	chǔyú	(사람, 사물이 어떠한 것에) 처하다, 놓이다
状态	zhuàngtài	(명) 상태
精神	jīngshén	(명) 정신, 주요 의미
引起	yǐnqǐ	(동) (주의를) 끌다, 야기하다, 불러 일으키다
原因	yuányīn	(명) 원인
节奏	jiézòu	(명) 박자, 리듬, 흐름
长期	chángqī	(명) 장기, 긴 시간
调节	tiáojié	(동) 조절하다
出现	chūxiàn	(동) 출현하다
防止	fángzhǐ	(동) 방지하다
首先	shǒuxiān	(부) 가장 먼저, 맨 먼저 (대명) 첫째
养成	yǎngchéng	(동) 양성하다, 길러지다
良好	liánghǎo	(형) 좋다, 양호하다
例如	lìrú	(동) 예를 들다, 예를 들면, 예컨데
准时	zhǔnshí	(부) 정시에, 제때에
营养	yíngyǎng	(명) 영양, 양분
暴饮	bàoyǐn	(동) 폭음하다
暴食	bàoshí	(동) 폭식하다
挑食	tiāoshí	(동) 편식하다
足够	zúgòu	(형) 충분하다
睡眠	shuìmián	(명) 수면, 잠 (동) 수면하다, 잠자다
抽烟	chōuyān	(동) 담배 피우다, 흡연하다
抽出	chōuchū	(동) 뽑아내다, 추출하다
合理	hélǐ	(형) 도리에 맞다, 합리적이다
安排	ānpái	(동) 안배하다, 일을 처리하다
劳逸结合	láo yì jié hé	(성) 노동과 휴식을 적당히 조절하다

주석

1. A指的是B

'A가 의미(뜻)하는 것은 B이다'의 의미로 사용된다.

예 "采风"的含义主要指的是采集民间的诗歌。

"cǎifēng"de hányì zhǔyào zhǐ de shì cǎijí mínjiān de shīgē.

'采风'은 주로 민간의 노래를 채집하는 것을 뜻한다.

中国的春节指的是农历一月一号。

zhōngguó de chūnjié zhǐ de shì nónglì yīyuè yīhào.

중국의 춘절은 음력 1월 1일을 의미한다.

2. 处于A的状态

'A의 상태에 처해 있다'의 의미이다.

예 日本正处于内外交困的状态。

rìběn zhèng chǔyú nèiwàijiāokùn de zhuàngtài.

일본은 지금 안팎으로 곤란에 봉착해 있다.

他圣诞节收到的礼物到现在还处于没打开的状态中。

tā shèngdànjié shōudào de lǐwù dào xiànzài hái chǔyú méi dǎkāi de zhuàngtài zhōng.

그가 크리스마스때 받은 선물은 아직도 개봉되지 않은 상태이다.

3. 引起A的原因有很多, 主要是因为B

'A를 야기한 원인은 많지만, 주요한 원인은 B이다'의 의미이다.

예 引起厌食症的原因有很多, 主要是因为过度减肥。
yǐnqǐ yànshí zhèng de yuányīn yǒu hěnduō, zhǔyào shì yīnwèi guòdù jiǎnféi.
거식증을 일으키는 원인은 많지만 주요한 원인은 과도한 다이어트이다.

引起这种问题的原因有很多, 主要是因为梦想的缺失。
yǐnqǐ zhèzhǒng wèntí de yuányīn yǒu hěnduō, zhǔyào shì yīnwèi mèngxiǎng de quēshī.
이러한 문제를 일으키는 원인은 많으나, 주요한 원인은 꿈의 부재이다.

4. 连A都B

'A조차도 B하다'의 의미로 쓰인다. 连 뒤에 나오는 A를 강조한다.

예 他气得连嘴唇都在抖动。
tā qì de lián zuǐchún dōu zài dǒudòng.
그는 화가 나서 입술까지 다 떨렸다.

如果连你都不来, 就真不知道会怎样了。
rúguǒ lián nǐ dōu bù lái, jiù zhēn bù zhīdào huì zěnyàng le.
만약 너마저 오지 않는다면, 정말로 어떻게 될지 몰라.

5. 更别说

'더욱 말할 필요가 없다' '더 말할 나위가 없다' 등의 의미로 쓰인다. 뒷 절에서 말하는 상황이 앞 절에서 말한 것과 동일한 특징을 가지고 있으나, 정도가 더 심하고 더이상 말하지 않아도 알 수 있음을 가리킨다.

예 大人见了都害怕, 更别说是小孩子了。

dàrén jiàn le dōu hàipà, gèng bié shuō shì xiǎoháizi le.

어른들도 만나면 무서운데, 아이들이야 말할 것도 없다.

钢笔字尚且写不好, 更别说毛笔写字了。

gāngbǐzì shàngqiě xiě bu hǎo, gèng bié shuō máobǐ xiězì le.

만년필로 아직 글자를 잘 못쓰는데, 붓글씨는 더말할 필요도 없다.

6. 首先A, 其次B, 最后C

'먼저 A이고, 두번째로 B이며, 마지막으로 C이다'의 의미로 쓰인다. A, B, C 각각은 대등한 지위를 가지며, 병렬복문을 이룬다.

예 相声是符合以下几个特点的, 首先传统相声中出现的地名都是北京城里大家耳熟能详的。其次, 相声中讲述的都是发生在百姓身边的故事, 举手投足、一言一语中都带有浓郁的北京民俗风情。最后, 最重要的就是在相声表演过程中, 全部都使用北京口语对话。

xiàngsheng shì fúhé yǐxià jǐge tèdiǎnde, shǒuxiān chuántǒng xiàngshengzhōng chūxiànde dìmíng dōu shì běijīngchénglǐ dàjiā ěrshúnéngxiángde. qícì, xiàngshengzhōng jiǎngshùde dōu shì fāshēngzài bǎixìng shēnbiānde gùshì, jǔshǒutóuzú, yìyányìyǔzhōng dōu dàiyǒu nóngyùde běijīng mínsúfēngqíng. zuìhòu, zuì zhòngyàode jiùshì zài xiàngsheng biǎoyǎn guòchéngzhōng, quánbù dōu shǐyòng běijīng kǒuyǔ duìhuà.

상성은 아래 몇 가지 특징에 부합하는 것으로, 먼저 전통 상성에서 볼 수 있는 지명은 모두 북경 안의 사람들에게 익숙한 것이다. 두 번째는 상성에서 다루는 내용은 백성들 주변에서 일어나는 이야기로, 동작 하나하나, 대사 한줄 한줄에서 모두 농후한 북경의 민속적 정취를 품고 있다. 마지막으로 가장 중요한 점은 상성 공연 중에 사용되는 대화는 모두 북경 구어이다.

연습문제

1. 본문을 읽고 난 후에 빈 칸에 들어갈 적당한 단어를 채우시오.

(1) (   )指的是一种处于生病与健康之间的状态。

(2) 现代人因为工作太忙, (   )休息时间(   )不够, (   )抽出时间锻炼身体了。

2. 본문의 내용에 근거하여 다음 질문에 대한 답을 고르시오.

(1) 다음 중 서브 헬스 상태가 아닌 것은? (   )

A. 일을 할 때 긴장한다.

B. 종종 잠을 이룰 수 없다.

C. 잘 지치지 않는다.

D. 자주 감기에 걸린다.

(2) 서브 헬스의 원인으로 보이는 것을 하나 고르시오. (   )

A. 경제적인 빈곤 속에서 살아가는 것.

B. 스트레스로 인해 오랫동안 긴장된 환경에 처함.

C. 운동을 주 4회이상 하지 않는 것.

D. 좋은 생활습관을 유지하는 것.

(3) 서브 헬스를 막을 수 있는 것으로 부적당한 것은? (   )

A. 좋은 생활습관을 기른다.

B. 일과 학습의 시간을 합리적으로 배정한다.

C. 경제적 여유를 갖추기 위해서 부업을 한다.

3. 다음에 주어진 한국어 문장을 중국어로 작문하시오. (주어진 단어를 활용할 것)

(1) 당신은 종종 잠을 못잡니까?

失眠　会　会　你　常常　不

(　　　　　　　　　　　　　　　　　　　　　　　　)

(2) 성인은 하루에 적어도 6에서 8시간을 자야 한다.

睡　一天　一个　八个　六　成年人　最少　要　小时　到

(　　　　　　　　　　　　　　　　　　　　　　　　)

(3) 운동은 심신을 자유롭게 할 수 있다.

人　放松　让　身心　运动　可以

(　　　　　　　　　　　　　　　　　　　　　　　　)

GRAMMAR

문법특강

동태조사(动态助词)

동사 뒤에 쓰여서 동사의 완료, 지속, 경험 등의 문법의미를 표현하는 표지(Mark)를 동태(시태)조사라고 한다. 동태는 영어로 aspect로 표현되며, “동작의 내부구성을 보는 시각”으로 정의할 수 있다.

가. 완료动态

동사 뒤에 시태(동태)조사 了를 써서 어떤 동작이나 행위가 완결 또는 실현되었음을 나타낸다. 일반적으로 了1과 了2로 구분한다.

了1: 동사의 뒤에 쓰여 동작이나 행위의 완결을 나타낸다(일반적으로 목적어 앞에 위치함).

예 我买了两张火车票。
wǒ mǎi le liǎng zhāng huǒchē piào.
나는 기차표 두 장을 샀다.

他换好了衣服, 就去上班。
tā huàn hǎo le yīfu, jiù qù shàngbān.
그는 옷을 갈아입고 바로 출근했다.

了2: 일반적으로 문장의 끝에 쓰여 상황이나 사태의 변화를 나타내며 또한 문장의 완결이나 그 밖의 어기를 표현한다.

예 他两年没回家了。
tā liǎng nián méi huíjiā le.
그는 2년 동안 집에 돌아오지 않았다.

我去图书馆看书了。
wǒ qù túshūguǎn kàn shū le.
나는 도서관에 가서 책을 읽었다.

나. 지속动态

동사 뒤에 동태조사 着을 붙여서 어떤 동작이 지속되고 있음을 나타낸다. 또 어떤 동작이 취해진 후, 그 동작의 결과가 일정한 상태로 계속 유지되고 있음을 나타낸다.

着1: 어떤 동작이 지속되고 있음을 나타낸다.

예 弟弟写着信呢。
dìdi xiě zhe xìn ne.
동생이 편지를 쓰고 있다.

兄弟俩在食堂里愉快地唱着歌。
Xiōngdì liǎ zài shítáng lǐ yúkuài de chàng zhe gē.
형제 두 명은 식당에서 즐겁게 노래를 부르고 있다.

着2: 어떤 상태가 지속되고 있음을 나타낸다.

예 患者在病床上躺着。
huànzhě zài bìngchuáng shàng tǎng zhe.
환자가 병상에 누워 있다.

门开着, 电视也开着。
mén kāi zhe, diànshì yě kāi zhe.
문은 열려 있고, TV도 켜져 있습니다.

다. 경험动态

과거에 이미 모종의 경험이 있었음을 나타내고자 할 때는 주로 시태조사 过을 쓴다.

예 他们去过中国。
tāmen qù guo zhōngguó.
그들은 중국에 간 적이 있다.

我们没看过这部电影。
wǒmen méi kàn guo zhè bù diànyǐng.
우리는 이 영화를 본 적이 없다.

※ 了, 着, 过 이외에도, 동사 뒤에 쓰이는 起来 下去을 시태의 하나로 봐야 한다고 주장하는 학자들도 적지 않다. 그들의 눈에는 현대중국어에 동태조사가 다섯 개가 있는 셈이다.

- 동사 + 起来: 동작이 시작됨과 그 동작이 계속되고 있음을 나타낸다.

예 他们愉快地笑起来。
tāmen yúkuài de xiào qǐlái.
그들은 유쾌하게 웃기 시작했다.

同志们! 我们站起来吧!
tóngzhì men! wǒmen zhàn qǐlái ba!
동지들! 우리가 일어나자!

- 동사 + 下去:동작이 계속됨을 나타냄.

예 唱得不错! 来, 唱下去!
chàng de búcuò! lái, chàng xiàqù.
노래 잘 부른다! 자, 계속 노래 부르자!

这个疑问很有价值, 我们希望你能研究下去。
Zhè ge yíwèn hěn yǒu jiàzhí, wǒmen xīwàng nǐ néng yánjiū xiàqù.
이 의문은 매우 가치 있으며, 우리들은 당신이 계속 연구해 갈 수 있기를 바랍니다.

08

数码世界

(一) 上大学“四大件”

대학입학 “4대 품목”

(二) 有了智能手机以后

스마트폰이 생긴 이후

(一) 上大学“四大件”

每年九月是中国大学开学的日子。这时候热闹的不仅是
měinián jiǔ yuè shì zhōngguó dàxué kāixué de rìzi. zhè shíhou rènào de bùjǐn shì
校园，还有各大商场。最近几年，在中国上大学，除了传统的
xiàoyuán, háiyǒu gè dà shāngchǎng. zuìjìn jǐ nián, zài zhōngguó shàng dàxué, chúle chuántǒng de
生活用品，如箱包、手表、被褥等等，许多大一新生还要买齐
shēnghuó yòngpǐn, rú xiāngbāo、shǒubiǎo、bèirù děngděng, xǔduō dà yī xīnshēng háiyào mǎi qí
“四大件”：手机、数码随身听、笔记本电脑和数码相机。据调
“sì dàjiàn”: shǒujī、shùmǎ suíshēntīng、bǐjìběn diànnǎo hé shùmǎ xiàngjī. jù diào
查，手机在大学生中基本普及，达到99.2%；拥有笔记本电脑
chá, shǒujī zài dàxuéshēng zhōng jīběn pǔjí, dádào bǎifēnzhī jiǔshíjiǔ diǎn èr; yōngyǒu bǐjìběn diànnǎo
的占到57.1%；有数码相机的占到了30.8%；拥有
de zhàn dào bǎifēnzhī wǔshíqī diǎn yī; yǒu shùmǎ xiàngjī de zhàn dào le bǎifēnzhī sānshí diǎn bā; yōng yǒu
MP3或MP4的占总人数的75.1%。有些条件好的学生有
MPsān huò MPsì de zhàn zǒng rénshù de bǎifēnzhī qīshíwǔ diǎn yī. yǒuxiē tiáojiàn hǎo de xuésheng yǒu
掌上游戏机和iPad，“四大件”升级成为“五大件”或“六大件”。(198字)
zhǎngshàng yóuxìjī hé iPad, “sì dàjiàn” shēngjí chéngwéi “wǔ dàjiàn” huò“liù dàjiàn”.

(根据《北京日报》, 2011年8月24日,《大一新生必备“四大件”开学消费很生猛》改编http: // www.gaokao.com / e / 20110824 / 4e545f161b19d.shtml)

새로운 단어

热闹	rènao	(형) 번화하다, 왁자지껄하다
箱包	xiāngbāo	(명) 트렁크, 가죽 가방
被褥	bèirù	(명) 이불, 침구
许多	xǔduō	(형) 대단히 많은, 허다한
数码	shùmǎ	(명) 디지털
随身听	suíshēntīng	(명) 휴대용 카세트
相机	xiàngjī	(명) 사진기
调查	diàochá	(동) 조사하다
升级	shēngjí	(동) 승급하다, 승진하다

주석

1. 除了A, 还B

'A이외에, (거기에다) 또 B하다'의 의미로 쓰인다. 除了는 '~이외에' '~말고' 라는 뜻으로 뒤에 以外를 덧붙일 수 있다. 주어진 항목 외에 다른 것을 더 추가할 때 쓰인다. 还를 대신하여 也를 쓸 수 있다.

예 除了我还需要两个人。

chúle wǒ hái xūyào liǎngge rén.

나 말고도 두 명이 더 필요하다.

除了英语以外, 他还会说日语。

chúle yīngyǔ yǐwài, tā hái huì shuō rìyǔ.

그는 영어 이외에, 일어도 할줄 안다.

2. 如……等等

'예를 들면 …… 등등'의 의미로 쓰인다.

예 大家可以享用的文娱活动有许许多多, 如摄影和绘画等等。

dàjiā kěyǐ xiǎngyòng de wényú huódòng yǒu xǔxǔduōduō, rú shèyǐng hé huìhuà děngděng.

다들 즐길 수 있는 문화오락 활동은 사진찍기, 그림 그리기 등 아주 많다.

他得带齐文件资料, 如合同之类的文件等等。

tā děi dàiqí wénjiàn zīliào, rú hétóng zhīlèi de wénjiàn děngděng.

그는 계약서와 같은 문건을 모두 가져와야 한다.

3. 据调查, ……

'조사에 따르면 ……'의 의미로 사용된다.

예 据调查, 有百分之四十的高中生有手机综合症, 没有手机就会感到不安。

jù diàochá, yǒu bǎifēnzhī sìshí de gāozhōngshēng yǒu shǒujī zōnghézhèng, méiyǒu shǒujī jiù huì gǎndào bù'ān.

조사에 따르면, 40퍼센트의 고교생이 휴대전화가 없으면 불안을 느끼는 휴대전화 증후군이 있다고 한다.

据调查, 有80%的中国人认为中国已是强国。

jù diàochá, yǒu bǎifēnzhī bāshí de zhōngguórén rènwéi zhōngguó yǐ shì qiángguó.

조사에 따르면 80%의 중국인이 중국이 이미 강국이라고 생각한다.

4. 占到~

'~을 차지(점유)하다'의 의미로 쓰인다.

예 该院专家门诊占到总门诊量的30%左右。

gāiyuàn zhuānjiā ménzhěn zhàn dào zǒng ménzhěn liàng de bǎifēnzhī sānshí zuǒyòu.

이 병원의 전문의 진찰은 총 진찰량의 30퍼센트를 차지한다.

为了占到好座位, 我们早早就去了。

wèile zhàn dào hǎo zuòwèi, wǒmen zǎozǎo jiù qù le.

좋은 자리를 차지하기 위해 우리는 아주 일찍 갔다.

연습문제

1. 본문을 읽고 난 후에 빈 칸에 들어갈 적당한 단어를 채우시오.

(1) 每年九月是中国大学开学的日子。这时候热闹的不仅是(　　　　), 还有各大(　　　　)。

(2) 拥有笔记本电脑的大学生(　　　　)57.1%。

2. 본문의 내용에 근거하여 다음 질문에 대한 답을 고르시오.

(1) 대학 신입생이 사야 하는 4대 품목이 아닌 것은? (　　)

A. 시계　　B. 노트북 PC　　C. 핸드폰　　D. 디지털카메라

(2) 다음 설명 중 맞는 것을 고르시오. (　　)

A. 대학생 중 디지털 카메라를 소유한 학생의 비율은 75.1%이다.

B. 랩탑 게임기나 i-pad는 경제력이 좋은 학생들이 구입한다.

C. MP3나 MP4는 대학생 중에서 보급률이 제일 높은 것이다.

D. 노트북PC를 소유한 학생의 비율은 30.8%이다.

3. 다음에 주어진 한국어 문장을 중국어로 작문하시오. (주어진 단어를 활용할 것)

(1) 대학생 중에 핸드폰은 기본적으로 보급되어 있다.

中　普及　在　基本　手机　大学生

(　　　　　　　　　　　　　　　　)

(2) 4대품목이 승급되어 5품목이나 6대품목이 된다.

成为　或　"四大件"　"五大件"　"六大件"　升级

(　　　　　　　　　　　　　　　　)

(二) 有了智能手机以后

有了智能手机以后，张红发现她自己离不开手机了。她
yǒu le zhìnéng shǒujī yǐhòu, zhānghóng fāxiàn tā zìjǐ líbukāi shǒujī le. tā

每天早上起床后第一件事就是摸手机，看看几点，顺便刷一
měitiān zǎoshang qǐchuáng hòu dì yī jiàn shì jiù shì mō shǒujī, kànkan jǐ diǎn, shùnbiàn shuāyī

刷微博，看看新闻；上班的时候一有空就拿起手机看看时间，
shuā wēibó, kànkan xīnwén; shàngbān de shíhou yì yǒukòng jiù náqǐ shǒu jī kànkan shíjiān,

而且还时不时看一下有没有短信、未接来电什么的；吃饭前，
érqiě hái shíbùshí kàn yíxià yǒu méi yǒu duǎnxìn, wèi jiē láidiàn shénme de; chīfàn qián,

一定要用手机把饭菜先拍下来，发到微博或微信上；上洗手
yídìng yào yòng shǒujī bǎ fàncài xiān pāi xiàlái, fā dào wēibó huò wēixìn shàng; shàng xǐshǒu

间的时候，也带着手机看新闻；睡觉前最后一件事不是关灯，
jiān de shíhou, yě dài zhe shǒujī kàn xīnwén; shuìjiào qián zuìhòu yí jiàn shì bú shì guāndēng,

而是放下手机。如果手机没电了，张红就坐立不安，一方面
érshì fàngxià shǒujī. rúguǒ shǒujī méi diàn le, zhānghóng jiù zuòlìbùān, yīfāngmiàn

是无聊，另一方面担心有人找她，错过什么重要的信息。
shì wúliáo, lìngyīfāngmiàn dānxīn yǒurén zhǎo tā, cuòguò shénme zhòngyào de xìnxī.

有了智能手机以后，李明发现他的儿子跟他聊天的时
yǒu le zhìnéng shǒujī yǐhòu, lǐmíng fāxiàn tā de érzi gēn tā liáotiān de shíjiān

间少了。上了高中，孩子开始住校，李明给儿子买了一个
shǎo le. shàng le gāozhōng, háizi kāishǐ zhùxiào, lǐmíng gěi érzi mǎi le yíge

iPhone5。以前，每到周末儿子从学校回家，一家人一起吃饭，
iPhonewǔ. yǐqián, měi dào zhōumò érzi cóng xuéxiào huíjiā, yìjiā rén yìqǐ chīfàn,

在饭桌上儿子总会和李明聊天，说说学校里有趣的事情和学
zài fànzhuō shàng érzi zǒnghuì hé lǐmíng liáotiān, shuōshuo xuéxiào lǐ yǒuqù de shìqing hé xué

习的情况。现在不一样了，儿子吃饭的时候一只手拿着筷子，
xí de qíngkuàng. xiànzài bù yíyàng le, érzi chīfàn de shíhou yìzhī shǒu ná zhe kuàizi,

一只手飞快地在手机屏幕上滑动，聚精会神，有时候还笑了
yìzhī shǒu fēikuài de zài shǒujī píngmù shàng huádòng, jùjīnghuìshén, yǒushíhòu hái xiào le

起来。李明很不高兴，他跟儿子说如果再这样下去，他就把
qǐlái. lǐmíng hěn bù gāoxìng, tā gēn érzi shuō rúguǒ zài zhèyàng xiàqù, tā jiù bǎ

手机没收了。没想到儿子一听到没收手机，就激动得跳起来，
shǒujī mòshōu le. méi xiǎngdào érzi yī tīngdào mòshōu shǒujī, jiù jīdòng de tiào qǐlái,

和他大吵了一架。(421字)
hé tā dà chǎole yíjià.

(根据 新华网, 2012年10月19日,《中国人日渐依赖智能手机 专家呼吁"数字节食"》改编
http: // www.bbrtv.com / 2012 / 1019 / 120956.html)

새로운 단어

智能	zhìnéng	(명) 지능
发现	fāxiàn	(명) 발견 (동) 발견하다
离不开	líbukāi	(동) 떨어질 수 없다 벗어날 수 없다
起床	qǐchuáng	(동) 일어나다, 기상하다

微博	wēibó	(명) '微博客'의 약칭, 미니블로그(미국의 twitter와 같은 개념)
新闻	xīnwén	(명) 뉴스, 새 소식
时不时	shíbùshí	(부) 자주, 늘, 언제나
短信	duǎnxìn	(명) 메시지
来电	láidiàn	(동) 전화가 오다
饭菜	fàncài	(명) 반찬
洗手间	xǐshǒujiān	(명) 화장실
坐立不安	zuòlìbù'ān	(성) 안절부절 못하다
无聊	wúliáo	(형) 무료하다, 심심하다, 지루하다
担心	dānxīn	(동) 걱정하다, 염려하다
信息	xìnxī	(명) 소식, 정보
住校	zhùxiào	(동) 학교 기숙사에 살다
饭桌	fànzhuō	(명) 식탁
有趣	yǒuqù	(형) 재미있다, 흥미 있다
情况	qíngkuàng	(명) 상황
屏幕	píngmù	(명) 영사막, 스크린
滑动	huádòng	(동) 미끄러지다
聚精会神	jùjīnghuìshén	(성) 정신을 집중하다, 열중하다
没收	mòshōu	(동) 몰수하다
激动	jīdòng	(동) (감정이) 격하게 움직이다, 흥분하다

주석

1. 时不时

'자주', '늘'의 의미를 가진 부사이다.

예 我妹妹身体虚，时不时要吃补药。

wǒ mèimei shēntǐ xū, shíbùshí yào chī bǔyào.

내 여동생은 몸이 약해서, 수시로 보약을 먹는다.

这兄弟俩时不时地就会动嘴。

zhè xiōngdì liǎ shíbùshí de jiù huì dòngzuǐ.

이 두 형제는 시도때도 없이 말한다.

2. ~的时候

'~할 때에'라는 의미로 쓰인다. '~时', '当~的时候', '当~时'로도 쓰일 수 있다.

예 上课的时候，他一直打瞌睡。

shàngkè de shíhòu, tā yìzhí dǎ kēshuì.

수업을 할 때 그는 줄곧 졸았다.

身体要在它好的时候保持住健康。

shēntǐ yào zài tā hǎo de shíhòu bǎochí zhù jiànkāng.

몸은 건강할 때 지켜야 한다.

3. 一方面A, 另一方面B

'한편으로 A하고, 다른 한편으로 B한다'는 의미이다. 어떤 사물이나 사실에 대해서 설명하거나 묘사할 때 쓰이는 병렬복문이다.

예 我一方面对老师怀有抱怨, 另一方面却也能理解老师的立场。

wǒ yīfāngmiàn duì lǎoshī huáiyǒu bàoyuàn, lìngyīfāngmiàn què yě néng lǐjiě lǎoshī de lìchǎng.

나는 한편으로는 선생님이 원망스러우면서도 다른 한편으로는 선생님의 입장이 이해가 갔다.

一方面这份工作报酬不高, 可另一方面我又找不到其他工作。

yīfāngmiàn zhè fèn gōngzuò bàochóu bù gāo, kě lìngyīfāngmiàn wǒ yòu zhǎo bu dào qítā gōngzuò.

한편으로는 이 일의 보수가 높지 않지만 다른 한편으로는 또 다른 일을 찾을 수 없다.

4. 如果A, 就B

'만약 A이면, 곧 B하다'는 의미로 쓰인다. 앞절(종속절)에 어떤 가정이나 가설을 나타내고, 뒷절(주절)에서는 가설이 실현될 경우 생길 수 있는 결과를 표현한다.

예 先看看情况, 如果不如意就逃跑。

xiān kànkan qíngkuàng, rúguǒ bùrúyì jiù táopǎo.

일단 동태를 살피다가 여차하면 도망갈 생각이다.

如果对双胞胎之间发生的种种事情讨论其真实性, 就脱离了该影片的本质。

rúguǒ duì shuāngbāotāi zhījiān fāshēng de zhǒngzhǒng shìqing tǎolùn qí zhēnshíxìng, jiù tuōlí le gāi yǐngpiàn de běnzhì.

쌍둥이 간에 일어난 사건을 가지고 그 진실성에 대해 토론을 벌인다면, 이 영화의 본질을 벗어나는 것이다.

연습문제

1. 본문을 읽고 난 후에 빈 칸에 들어갈 적당한 단어를 채우시오.

(1) 有了智能手机以后, 张红发现她自己(　　　　　)手机了。

(2) 如果手机没电了, 张红就坐立不安, (　　　　　)是无聊, (　　　　　)担心有人找她, 错过什么重要的信息。

2. 본문의 내용에 근거하여 다음 질문에 대한 답을 고르시오.

(1) 스마트폰과 관련하여 짱홍을 잘못 묘사한 것은? (　　)

A. 화장실에서 핸드폰으로 뉴스를 본다.

B. 잠자기전 마지막하는 일은 핸드폰을 내려놓는 것이다.

C. 핸드폰 전원이 부족해도 느긋한 마음이다.

D. 식사전에 요리를 핸드폰으로 찍어 웨이보나 웨이신에 올린다.

(2) 스마트폰이 생긴 후 리밍에게 일어난 일이 아닌 것은? (　　)

A. 아들에게 핸드폰을 몰수할 것이라고 경고한 적도 있다.

B. 아들과 함께 식사하면서 하는 대화가 줄어들었다.

C. 아들에게 Galaxy 5를 사주었다.

D. 스마트폰과 관련하여 아들과 다툰 적이 있다.

3. 다음에 주어진 한국어 문장을 중국어로 작문하시오. (주어진 단어를 활용할 것)

(1) 아들은 그와 크게 한번 싸웠다(말싸움).

架　他　大　和　一　了　儿子　吵

(　　　　　　　　　　　　　　　　　　　　)

(2) 아들은 학교의 재미난 일과 공부 상황을 말하였다.

情况　儿子　学校　有趣　里　和　的　的　事情　学习　说说

(　　　　　　　　　　　　　　　　　　　　　　　　　　　　　　)

(3) 한번 짬이 나면 핸드폰을 들어서 시간을 본다.

手机　时间　有空　拿　看看　起　一　就

(　　　　　　　　　　　　　　　　　　　　　　　　　　　　　　)

4. 빈 칸에 알맞은 보어를 써 넣으세요.

(1) 李明很不高兴, 他跟儿子说如果再这样(　　　　), 他就把手机没收了。

(2) 吃饭前, 一定要用手机把饭菜先拍(　　　　), 发到微博或微信上。

GRAMMAR

문법특강

보어(补语) I

보어는 중심어(동사 혹 형용사) 뒤에서 중심어를 보충설명하는 성분을 말한다. 1. 结果보어, 2. 方向보어, 3. 程度보어, 4. 状态보어, 5. 可能보어, 6. 수량보어 등이 있다.

1. 结果보어

- 동사 뒤에 쓰여 동작이나 변화의 결과를 보충 설명하는 성분을 결과보어라고 한다. 동사나 형용사가 결과보어로 쓰인다.

형용사가 보어로 쓰인 경우: 吃饱了 chībǎole (배불리 먹었다), 睡好了 shuìhǎole (잘 잤다)
동사가 보어로 쓰인 경우: 做完了 zuòwánle (끝냈다), 打破了 dǎpòle (깼다)

- 결과보어의 문법적 특징

① 결과보어는 동사나 형용사의 바로 뒤에 놓이며, 그 사이에는 다른 성분이 올 수 없다. 동태조사도 보어의 뒤에만 올 수 있다.

예 照完了相 zhàowánle xiàng (사진을 다 찍었다)
打通电话了 dǎtōng diànhuàle (전화가 연결되었다)
*照相完了 *打电话通了

② 결과보어가 쓰인 구문은 동작이 이미 완료되었음을 의미하므로 부정형식은 일반적으로 没(有)를 사용한다.

예 你说得太快，我没有听懂。
nǐ shuōde tài kuài, wǒ méiyou tīngdǒng.
당신은 말하는 것이 너무 빨라서, 내가 알아듣지 못합니다.

*你说得太快，我不听懂。

③ 결과보어가 있는 문장은 자주 동작의 완료나 실현을 나타내므로, 보어의 뒤에는 일반적으로 了가 온다. 경우에 따라 过를 쓸 수도 있지만, 着는 쓸 수 없다.

예 我读完了这本书。
wǒ dú wán le zhè běn shū.
나는 이 책을 다 읽었다.

2. 方向보어

어떤 동작이나 행위에 따라 사람이나 사물이 이동하는 방향을 나타내는 보어를 方向보어라고 한다. 방향보어에는 단순방향보어와 복합방향보어가 있다.

① 단순방향보어

방향동사 来와 去는 다른 동사 뒤에 쓰여 동작이 행해지는 방향을 나타내는데 이를 단순방향보어라고 한다. 이 때 동작이 심리적 참조점(Reference)에 다가올 때 来를 쓰고, 동작이 심리적 참조점(Reference)에서 멀어질 때 去를 쓴다.

예 我借来一本书，很有意思的。
wǒ jiè lái yì běn shū, hěn yǒu yìsi de.
나는 책 한 권을 빌렸는데, 아주 재미있다.

我妈给大哥寄去一封信。
wǒ mā gěi dàgē jì qù yì fēng xìn.
우리 엄마는 큰형에게 편지 한 통을 보냈다.

② 복합방향보어

방향동사(7가지) 등이 방향동사 来나 去와 결합된 후 다른 동사의 보어가 되는 것을 복합방향보어라고 한다.

	上	下	进	出	回	过	起
来	上来	下来	进来	出来	回来	过来	起来
去	上去	下去	进去	出去	回去	过去	-

예 你把初稿上的错字改过来吧!
nǐ bǎ chūgǎo shàng de cuòzì gǎiguò lái ba!
너는 초고에 있는 틀린 글자를 고쳐라!

他从办公室里跑出去了。
tā cóng bàngōngshì lǐ pǎo chūqù le.
그는 사무실에서 뛰어나갔다.

※ 복합방향보어가 동작의 방향을 나타낼 때는 두 가지 방향을 포함한다.

예 搬进去 bānjìnqù (운반해 들어가다)
-. 밖에서 안으로
-. 심리적 참조점은 건물밖(심리적 참조점으로부터 멀어짐)

예 走下楼来 zǒuxiàlóulái (아래층으로 걸어내려오다)
-. 높은 곳에서 낮은 곳으로
-. 심리적 참조점은 건물 아래(심리적 참조점으로 가까워 옴)

※ 방향보어는 동작의 방향을 나타내는 기본용법과 확장된 의미를 나타내는 확장용법이 있다. 편폭의 제한으로 확장용법은 설명을 생략한다.

09

淘一淘

(一) 足不出户购天下

외출 없이 천하를 구매하다

(二) 在家做老板

집에서 사장이 되다

(一) 足不出户购天下

对于80后和90后来说，逛街买东西不一定要等到周末才
duìyú bālíng hòu hé jiǔlíng hòu lái shuō, guàngjiē mǎi dōngxi bù yídìng yào děngdào zhōumò cái

去。与他们的父母一代不同，他们更喜欢"宅"在家里网购。在
qù. yǔ tāmen de fùmǔ yídài bùtóng, tāmen gèng xǐhuan "zhái" zài jiālǐ wǎng gòu. zài

中国，网上购物已经越来越普及。在网上，你几乎可以买到所
zhōngguó, wǎngshàng gòuwù yǐjīng yuèláiyuè pǔjí. zài wǎngshàng, nǐ jīhū kěyǐ mǎidào suǒ

有能买到的东西，数码家电、日用百货、美食特产、服装饰品，
yǒu néng mǎidào de dōngxi, shùmǎ jiādiàn、rìyòng bǎihuò、měishí tèchǎn、fúzhuāng shìpǐn,

应有尽有，无论是国内产品还是国外产品都可以足不出户下
yīngyǒujìnyǒu, wúlùn shì guónèi chǎnpǐn háishì guówài chǎnpǐn dōu kěyǐ zúbùchūhù xià

单，由快递公司在最短的时间内送到你手里。网上购物的服
dān, yóu kuàidì gōngsī zài zuì duǎn de shíjiān nèi sòngdào nǐ shǒulǐ. wǎngshàng gòuwù de fú

务也越来越好，即使买到的产品出了问题，你也可以跟卖家
wù yě yuèláiyuè hǎo, jíshǐ mǎidào de chǎnpǐn chūle wèntí, nǐ yě kěyǐ gēn màijiā

联系退货或者换货。(197字)
liánxì tuìhuò huòzhě huàn huò.

새로운 단어

逛街	guàngjiē	(동) 쇼핑을 하다
等到	děngdào	(접) …때에는, …때에 이르러 (동) …까지 기다리다
购物	gòuwù	(동) 물건을 구입하다, 쇼핑하다
普及	pǔjí	(동) 보급되다, 확산되다
几乎	jīhū	(부) 거의, 거의 모두
家电	jiādiàn	(명) 가전
日用百货	rìyòngbǎihuò	(명) 생활용품
美食	měishí	(명) 맛있는 음식
特产	tèchǎn	(명) 특산물
服装	fúzhuāng	(명) 의류, 의상
饰品	shìpǐn	(명) 장신구
应有尽有	yīngyǒujìnyǒu	(성) 없는 것이 없다, 모두 갖추어져 있다
国内	guónèi	(명) 국내
产品	chǎnpǐn	(명) 생산품, 제품
足不出户	zúbùchūhù	(성) 집에서 떠나지 않다, 집밖으로 한 발짝도 나가지 않다
快递	kuàidì	(명) 택배
服务	fúwù	(동) 근무하다, 서비스하다
联系	liánxì	(명) 연락 (동) 연락하다
退货	tuìhuò	(동) 반품하다

주석

1. 几乎

'거의', '하마터면' 등의 의미로 쓰이는 어기부사이다. 어떤 한도에 매우 가까운 정도를 나타낸다.

예 那里的一切几乎都没变。
nàlǐ de yíqiè jīhū dōu méi biàn.
그곳의 모든 것은 거의 변하지 않았다.

这条街上很拥挤, 几乎没有立脚的地方。
zhè tiáo jiēshàng hěn yōngjǐ, jīhū méiyǒu lìjiǎo de dìfang.
이 거리는 너무 붐벼서 발 디딜 틈조차 없다.

2. 无论A, 都B

'A를 막론하고 모두(예외없이) B하다'의 의미로 쓰이는 조건복문이다. 无论과 같은 용법의 접속사로는 不管, 不论 등이 있다. 앞절(종속절)에는 대개 의문대명사나 선택의문문, 정반의문문 형식이 온다.

예 她的店里无论何时都花香四溢。
tā de diàn lǐ wúlùn héshí dōu huāxiāng sìyì.
그녀의 가게는 언제나 꽃향기로 가득하다.

无论如何都找不到说服父母的办法。
wúlùnrúhé dōu zhǎo bu dào shuōfú fùmǔ de bànfǎ.
어찌해 봐도 부모님을 납득시킬 방법을 찾을 수 없다.

3. 由……

'……이(가)'의 뜻으로 사용되며, 개사由 다음에는 동작의 주체를 나타내는 성분이 온다.

예 那是由你来决定的问题。

nà shì yóu nǐ lái juédìng de wèntí.

그건 네가 결정할 문제다.

这次活动就由你牵头吧。

zhè cì huódòng jiù yóu nǐ qiāntóu ba.

이번 행사는 네가 주도해라.

연습문제

1. 본문을 읽고 난 후에 빈 칸에 들어갈 적당한 단어를 채우시오.

(1) 对于(　　　　)和(　　　　)来说, 逛街买东西不一定要等到周末才去。

(2) (　　　　)买到的产品出了问题, 你(　　　　)可以跟卖家联系退货或者换货。

2. 다음에 주어진 한국어 문장을 중국어로 작문하시오. (주어진 단어를 활용할 것)

(1) 인터넷구매는 이미 점점더 보급되었다.

普及　已经　网上购物　越来越

(　　　　　　　　　　　　　　　　　　　　)

(2) 당신은 판매자와 연락하여 물건을 무르든지, 다른 것으로 바꿀 수 있다.

联系　换货　可以　卖家　退货　或者　跟　你

(　　　　　　　　　　　　　　　　　　　　)

3. 빈 칸에 알맞은 결과보어를 써 넣으세요.

(1) 逛街买东西不一定要等(　　　　)周末才去。

(2) 快递公司在最短的时间内送(　　　　)你手里。

(二) 在家做老板

小林大学毕业以后，应聘到一家外贸公司当职员。在公司
xiǎolín dàxué bìyè yǐhòu, yīngpìn dào yìjiā wàimào gōngsī dāng zhíyuán. zài gōngsī

工作待遇不错是不错，不过非常忙，压力也很大，有时候为了
gōngzuò dàiyù búcuò shì búcuò, búguò fēicháng máng, yālì yě hěn dà, yǒushíhòu wèile

完成任务，连午饭都没时间吃。开始的时候小林还能坚持，后
wánchéng rènwu, lián wǔfàn dōu méi shíjiān chī. kāishǐ de shíhou xiǎolín hái néng jiānchí, hòu

来身体就渐渐吃不消了。经过再三考虑，小林决定辞去公司
lái shēntǐ jiù jiànjiàn chī bu xiāo le. jīngguò zàisān kǎolǜ, xiǎolín juédìng cíqù gōngsī

的工作，自己做老板。本来他打算在商业街租一间店面卖一
de gōngzuò, zìjǐ zuò lǎobǎn. běnlái tā dǎsuàn zài shāngyèjiē zū yìjiān diànmiàn mài yì

些外贸产品，可是发现位置好的店面租金特别贵，他刚刚毕
xiē wàimào chǎnpǐn, kěshì fāxiàn wèizhì hǎo de diànmiàn zūjīn tèbié guì, tā gānggāng bì

业不久，没有积蓄，只能打消这个念头。
yè bùjiǔ, méiyǒu jīxù, zhǐ néng dǎxiāo zhège niàntou.

止在他发愁的时候，朋友告诉他，可以在家开网店做老
zhèngzài tā fāchóu de shíhou, péngyou gàosu tā, kěyǐ zàijiā kāi wǎng diàn zuò lǎo

板。在朋友的帮助下，小林很快在淘宝网注册了一家小店，专
bǎn. zài péngyou de bāngzhù xià, xiǎolín hěnkuài zài táobǎo wǎng zhùcè le yìjiā xiǎo diàn, zhuān

门卖外贸产品。他与以前的外贸公司联系，以厂家直销的价
mén mài wàimào chǎnpǐn. tā yǔ yǐqián de wàimào gōngsī liánxì, yǐ chǎngjiā zhíxiāo de jià

格拿到商品，因为不需要店面租金，成本不高，小林网店里
gé nádào shāngpǐn, yīnwèi bù xūyào diànmiàn zūjīn, chéngběn bù gāo, xiǎolín wǎng diàn lǐ

的商品价格也比实体店便宜了不少。物美价廉的商品谁不喜
de shāngpǐn jiàgé yě bǐ shítǐ diàn piányi le bùshǎo. wùměijiàlián de shāngpǐn shúi bù xǐ

欢，没过多久，小林的网店就开始有了人气，生意越做越好。
huan, méi guò duōjiǔ, xiǎolín de wǎng diàn jiù kāishǐ yǒu le rénqì, shēngyì yuè zuò yuè hǎo.

现在每天咨询的客户非常多，小林一个人已经应付不了了，
xiànzài měitiān zīxún de kèhù fēicháng duō, xiǎolín yíge rén yǐjīng yìngfù bùliǎo le,

他正打算雇一两个客服帮他打理网店的生意。小林觉得，虽
tā zhèng dǎsuàn gù yī liǎng ge kèfú bāng tā dǎlǐ wǎng diàn de shēngyì. xiǎolín juéde, suī

然自己创业也有一定的风险，但是比起在公司里打工自由得
rán zìjǐ chuàngyè yě yǒu yídìng de fēngxiǎn, dànshì bǐqǐ zài gōngsī lǐ dǎgōng zìyóu de

多。你觉得呢？(416字)
duō. nǐ juéde ne?

새로운 단어

外贸	wàimào	(명) 대외 무역, '对外贸易'의 약칭
职员	zhíyuán	(명) 직원
待遇	dàiyù	(명) 대우, 취급 (동) 대우하다
任务	rènwu	(명) 임무, 책무
坚持	jiānchí	(동) 견지하다, 유지하다
渐渐	jiànjiàn	(부) 점점, 점차
吃不消	chībuxiāo	(동) 견딜 수 없다, 지탱할 수 없다
再三	zàisān	(부) 여러 번, 재삼
考虑	kǎolǜ	(명) 고려, (동) 고려하다

辞去	cíqù	(동) 작별하고 떠나다, 사직하다
老板	lǎobǎn	(명) 사장, 경영자
本来	běnlái	(부) 본래, 원래
商业街	shāngyèjiē	(명) 상가
产品	chǎnpǐn	(명) 제품
位置	wèizhì	(명) 위치, 지위
店面	diànmiàn	(명) 매장, 영업 공간
租金	zūjīn	(명) 임대료, 차임
积蓄	jīxù	(동) 저축하다, 축적하다
打消	dǎxiāo	(동) 없애다, 끊다, 단념하다
念头	niàntou	(명) 생각, 마음
发愁	fāchóu	(동) 걱정하다, 근심하다
联系	liánxì	(동) 연락하다, 연결하다
厂家	chǎngjiā	(명) 공장, 제조업자
直销	zhíxiāo	(동) 직접 판매하다, 직판하다
价格	jiàgé	(명) 가격
成本	chéngběn	(명) 원가, 자본금
实体	shítǐ	(명) 실체, 사물의 본질
物美价廉	wù měi jià lián	(성) 물건도 좋고, 값도 싸다
人气	rénqì	(명) 인기
生意	shēngyì	(명) 장사, 영업
咨询	zīxún	(동) 자문하다, 상의하다, 의논하다
客户	kèhù	(명) 고객
应付	yìngfù	(동) 대응하다, 대처하다
客服	kèfú	(명) 고객 서비스, '客户服务'의 준말
打理	dǎlǐ	(동) 처리하다, 정리하다
创业	chuàngyè	(동) 창업하다
风险	fēngxiǎn	(명) 위험

주석

1. A是A, 不过B

'A는 A이지만, 그러나 B하다'의 의미로 쓰이는 전환복문이다. 앞절(종속절)과 뒷절(주절)이 나타내는 사실은 일치하지 않고 상대적이거나 상반된다.

예 我去是一定去的, 不过稍微晚一点儿。

wǒ qù shì yídìng qù de, búguò shāowēi wǎn yìdiǎnr.

내가 가기는 반드시 가지만 좀 늦을 것이다.

2. 开始A, 后来B

'시작할 때는 A하고, 나중에는 B한다'의 의미이다.

예 开始时我们得不到多大支持, 可是后来人们开始聚集到我们这边来了。

kāishǐ shí wǒmen dé bu dào duō dà zhīchí, kěshì hòulái rénmen kāishǐ jùjí dào wǒmen zhèbiān lái le.

처음에 우리는 그다지 많은 지지를 얻지 못했지만, 후에 사람들이 우리 쪽으로 모이기 시작했다.

两人一开始是吵架, 后来就大打出手了。

liǎngrén yī kāishǐ shì chǎojià hòulái jiù dàdǎchūshǒu le.

두 사람은 처음에 말다툼을 벌이다가, 급기야 서로 주먹질까지 했다.

3. 经过再三考虑, A决定B

'오랜 고민 끝에 A는 B하기로 결정했다'의 의미를 가진다.

예 经过再三考虑, 他决定放弃报考艺术学院。

jīngguò zàisān kǎolǜ, tā juédìng fàngqì bàokǎo yìshù xuéyuàn.

오랜 고민 끝에 그는 예술대학에 응시하는 것을 포기했다.

经过再三考虑，我决定不去了。

jīngguò zàisān kǎolǜ, wǒ juédìng bú qù le。

오랜 고민 끝에 나는 안가기로 결정했다.

4. 本来……打算……，可是……

'본래 ……하려 했지만, ……하기로 했다'의 의미이다. 앞절과 뒷절이 나타내는 사실이 일치하지 않고 상대적이거나 상반된다. 전환관계를 나타내는 복문이다.

예 我本来打算今天给你这本书的，可是我忘了。

wǒ běnlái dǎsuàn jīntiān gěi nǐ zhèběn shū de, kěshì wǒ wàng le.

내가 원래 오늘 너에게 이 책을 주려고 했지만 잊어버렸다.

我本来打算把事情都告诉你，可是经理硬不许我这样做。

wǒ běnlái dǎsuàn bǎ shìqing dōu gàosu nǐ, kěshì jīnglǐ yìng bùxǔ wǒ zhèyàng zuò.

내가 원래 너에게 사정을 얘기해줄 생각이었는데, 매니저가 강력히 막아섰다.

5. 在A的帮助下

'A의 도움아래'라는 의미이다. '在～下'는 '～의 조건아래서'라는 의미를 가지는 개사구로서, 문장성분은 부사어로서 술어동사를 수식한다.

예 在他的帮助下，工作得以顺利进行。

zài tā de bāngzhù xià, gōngzuò déyǐ shùnlì jìnxíng.

그의 도움 덕분에 업무가 원활하게 진행되었다.

在妈妈的帮助下，我和哥哥自然而然地和好了。

zài māma de bāngzhù xià, wǒ hé gēge zìrán érrán de hé hǎo le.

엄마의 도움으로 나와 오빠는 자연스레 화해했다.

6. A比B + 형용사 + 不少 / 得多

'A는 B보다 훨씬 형용사하다'의 의미를 표현하는 비교문이다. 문장의 술어를 담당하는 '형용사'의 정도가 심함을 표현하는 보어가 不少 / 得多이다.

예 这是批发价，比零售价低得多。

zhè shì pīfājià, bǐ língshòujià dī de duō.

이것은 도매가라서 소매가보다 훨씬 저렴하다.

装满了爱心的十块捐款要比没有爱心的一百块珍贵得多。

zhuāngmǎn le àixīn de shíkuài juānkuǎn yào bǐ méiyǒu àixīn de yībǎikuài zhēnguì de duō.

사랑으로 가득한 십 위안의 성금이 마음 없이 내는 백 위안의 성금보다 훨씬 소중합니다.

연습문제

1. 본문을 읽고 난 후에 빈 칸에 들어갈 적당한 단어를 채우시오.

(1) 在公司工作待遇不错(　　　　)不错, (　　　　)非常忙, 压力也很大。

(2) (　　　　)自己创业也有一定的风险, (　　　　)比起在公司里打工自由得多。

2. 본문의 내용에 근거하여 다음 질문에 대한 답을 고르시오.

(1) 샤오린의 상황에 대하여 설명한 것이다. 틀린 것은? (　　)

A. 대학졸업후 무역회사 직원이 되었다.

B. 무역회사의 업무는 자신과 잘맞았으나, 월급이 적었다.

C. 무역회사를 퇴직하고 스스로 사장이 되었다.

D. 무역회사의 업무는 스트레스가 많았다.

(2) 샤오린의 온라인점포와 관련한 설명이다. 틀린 것은? (　　)

A. 모아놓은 돈이 많지않아서, 소자본으로 창업하였다.

B. 주로 수입상품을 판매하였다.

C. 온라인점포 사업을 위해 3~4명의 직원을 채용하려 한다.

D. 온라인 점포의 장사는 갈수록 잘되었다.

3. 다음에 주어진 한국어 문장을 중국어로 작문하시오. (주어진 단어를 활용할 것)

(1) 일을 완성하기 위해서 점심식사할 시간도 없다.

为了　完成　任务　连　午饭　都　没　时间　吃

(　　　　　　　　　　　　　　　　　　　　)

(2) 샤오린은 잽싸게 타오바오왕에 작은 점포를 등록하였다.

淘宝网　小店　很　在　了　注册　一家　小林　快

(　　　　　　　　　　　　　　　　　　　　)

4. 빈칸에 알맞은 내용(가능보어 형식)을 써 넣으세요.

(1) 开始的时候小林还能坚持, 后来身体就渐渐(　　　　　)了。

(2) 现在每天咨询的客户非常多, 小林一个人已经(　　　　　)了。

GRAMMAR

문법특강

보어(补语) II

3. 程度보어

동사나 형용사의 뒤에 쓰여 정도를 나타내는 보어를 말함. 정도보어를 쓸 때는 동사 또는 형용사 뒤에 구조조사 得를 쓰고, 그 뒤에 보어를 쓴다. 일반적으로 형용사, 동사 등이 정도보어로 사용된다.

예 我朋友来得很早。
wǒ péngyou láide hěn zǎo.
내 친구는 매우 일찍 왔다.

我们老师说得很快。
wǒmen lǎoshī shuōde hěn kuài.
우리 선생님은 매우 빠르게 말씀하신다.

4. 状态보어

주로 동사나 형용사의 뒤에 놓여 묘사 · 상황의 설명 등을 나타내는 보어이다. 동사의 뒤에 쓰여 동작이나 상태에 대한 묘사나 상황의 설명과 평가를 나타낸다. 보어의 앞에 得가 와야 하며, 보어로는 동사구나 형용사구가 온다.

예 我忙得忘了吃饭。
wǒ mángde wàngle chīfàn.
나는 바빠서 밥먹은 것도 잊었다.

孩子们高兴得跳了起来。
háizimen gāoxìng de tiào le qǐlái.
아이들은 기뻐서 펄쩍펄쩍 뛰었다.

5. 可能보어

어떤 동작을 통한 결과의 실현 가능성 여부를 표현하는 보어를 말한다. 가능보어의 형식에는 다음의 세가지가 있다.

① 동사 + 得 / 不 + 결과보어 혹 방향보어

동작의 결과 혹은 방향이 실현될 수 있는지를 나타낸다. 가능을 나타낼 때는 得을, 불가능을 나타낼 때는 不을 쓴다.

예 内容很多, 记不住。
nèi róng hěn duō, jì bu zhù.
내용이 많아서 기억할 수가 없다.

书包太重了, 拿不起来。
shūbāo tài zhòng le, ná bu qǐlái.
책가방이 너무 무거워서 들 수가 없다.

② 동사 + 得 / 不 + 了(liǎo)

이러한 보어는 어떤 동작이나 변화의 실현 가능 여부와 모종의 변화, 성질, 상태, 정도의 추측을 나타낸다. 긍정형식은 "동사 + 得 + 了"이고, 부정형식은 "동사 + 不 + 了"이다.

예 我们队一定赢得了日本队。
wǒmen duì yídìng yíng de liǎo rìběn duì.
우리는 반드시 일본팀을 이길 수 있다.

天晴了, 看起来, 雪下不了了。
tiānqíng le, kàn qǐlái, xuě xià bu liǎo le.
날이 개어서 눈이 안 올 것 같다.

③ 동사 + 得 / 不得

得는 긍정형식으로 能够, 可以의 뜻을 나타내며, 不得는 부정형식으로 不能够, 不可以를 나타낸다.

예 那简直是一颗老虎呀, 拔不得。
nà jiǎnzhí shì yìkē lǎohǔyā bábudé.
그건 정말 덧니라서 뽑을 수 없다.

怪不得 guàibude (어쩐지)
顾不得 gùbudé (돌볼 수 없다)
恨不得 hènbude (~못하는 것이 한스럽다)
值得 zhídé / 值不得 zhíbude (~할 가치가 있다 / ~할 가치가 없다)
舍得 shěde / 舍不得 shěbude (아깝지 않다 / 아쉽다)

이러한 문장은 주로 권고, 일깨움에 쓰이기 때문에 부정형식이 주로 쓰이는데, 어떤 동작을 하지 말 것 혹은 어떤 현상이 발생하지 않기를 바라는 경우에 쓰인다.

6. 数量보어

동작과 변화의 횟수를 나타내는 보어를 말한다. 动量보어, 时量보어, 比较数量보어로 나눌 수 있다.

① 动量보어

동작이나 행위의 횟수를 나타내며, 동량사가 보어로 쓰인다.

예 这部电影我已经看了两遍了。
zhè bù diànyǐng wǒ yǐjīng kàn le liǎng biàn le.
이 영화를 나는 이미 두번이나 봤다.

李明打了我一拳。
lǐmíng dǎ le wǒ yì quán.
이명은 나를 한 대 때렸다.

② 时量보어

동작이나 상태가 지속되는 시간의 길이를 나타낸다.

예 我在上海住了三年了。
wǒ zài shànghǎi zhù le sān nián le.
나는 상해에서 3년을 살았다.

手术进行了八个小时。
shǒushù jìnxíng le bā ge xiǎoshí.
수술은 8시간 동안 진행되었다.

③ 比较数量보어

비교문에서 두가지 사물(사람)의 비교되었을 때 발생하는 차이를 구체적으로 설명해주는 것을 이른다.

예 妹妹比姐姐小五岁。
mèimei bǐ jiějie xiǎo wǔsuì.
여동생은 언니보다 다섯 살 어리다.

这个南瓜比那个重一斤。
zhège nánguā bǐ nàge zhòng yì jīn.
이 호박은 그것보다 한 근 더 무겁다.

10

“微”时代

(一) 刷微博
웨이보를 보다

(二) 微信, 是一种生活方式
웨이신은 일종의 생활방식이다

(一) 刷微博

在哪里可以看到最新消息、实时新闻？除了看电视、听广
zài nǎlǐ kěyǐ kàndào zuìxīn xiāoxi、shíshí xīnwén? chúle kàn diànshì、tīng guǎng

播，现在还有一个非常流行的社交网络平台——微博。在微
bō, xiànzài háiyǒu yíge fēicháng liúxíng de shèjiāo wǎngluò píngtái —— wēibó. zài wēi

博上你既可以作为观众浏览你感兴趣的信息；也可以作为发
bó shàng nǐ jì kěyǐ zuòwéi guānzhòng liúlǎn nǐ gǎnxìngqù de xìnxī; yě kěyǐ zuòwéi fā

布者，在微博上发布内容。发布的内容一般比较简短，限制在
bùzhě, zài wēibó shàng fābù nèiróng. fābù de nèiróng yìbān bǐjiào jiǎnduǎn, xiànzhì zài

140个字以内，当然也可以分享图片、视频等等。在微博上你
yībǎi sìshí ge zì yǐnèi, dāngrán yě kěyǐ fēnxiǎng túpiàn、shìpín děngděng. zài wēibó shàng nǐ

除了可以随时发布你的所见所闻，吸引粉丝，还可以关注名
chúle kěyǐ suíshí fābù nǐ de suǒjiànsuǒwén, xīyǐn fěnsī, hái kěyǐ guānzhù míng

人或草根，评论转发他们的微博。因此，传播速度快是微博
rén huò cǎogēn, pínglùn zhuǎnfā tāmen de wēibó. yīncǐ, chuánbō sùdù kuài shì wēibó

最大的特点，假如你有200万听众，你发布的信息会在瞬间传
zuì dà de tèdiǎn, jiǎrú nǐ yǒu liǎngbǎi wàn tīngzhòng, nǐ fābù de xìnxī huì zài shùnjiān chuán

播给200万人。(212字)
bō gěi liǎngbǎi wàn rén.

(根据百度百科词条"微博"改编http: // baike.baidu.com / view / 1567099.htm)

새로운 단어

消息	xiāoxi	(명) 소식, 기별
实时	shíshí	(부) 즉시, 실시간으로
新闻	xīnwén	(명) 뉴스
广播	guǎngbō	(동) 방송하다
社交	shèjiāo	(명) 사교
平台	píngtái	(명) 플랫폼, 건조대, 테라스
观众	guānzhòng	(명) 관중
浏览	liúlǎn	(동) 대충 훑어보다, 대강 둘러보다
发布	fābù	(동) 발포하다, 선포하다
简短	jiǎnduǎn	(형) 간결하다, 간단하고 짧다
限制	xiànzhì	(동) 제한하다, 한정하다
分享	fēnxiǎng	(동) 함께 나누다
图片	túpiàn	(명) 사진, 그림
视频	shìpín	(명) 동영상
随时	suíshí	(부) 즉시, 제때, 언제나
所见所闻	suǒjiànsuǒwén	(명) 견문, 보고 들은 것
吸引	xīyǐn	(동) 흡인하다, 빨아당기다
关注	guānzhù	(동) 주시하다, 관심을 가지다
草根	cǎogēn	(명) 초근, 풀뿌리 [본문에서는 일반대중, 보통사람들을 나타냄]
评论	pínglùn	(동) 평론하다, 비평하다
转发	zhuǎnfā	(동) 전달하다, 발송하다
传播	chuánbō	(동) 전파하다, 널리 퍼뜨리다
听众	tīngzhòng	(명) 청중
瞬间	shùnjiān	(명) 순간, 눈 깜짝하는 사이

주석

1. 既A, 也B

'A하기도 하고, B하기도 하다'는 의미의 병렬복문이다. 각 절은 개별적으로 몇 개의 사물이나 한 가지 사물의 몇 가지 면을 서술할 수 있다. '又A, 又B', 'A, 又B', 'A, 也B' 등의 표현도 유사한 의미이다.

예 对这件事, 我既不悲观也不乐观, 只会尽全力。

duì zhè jiàn shì, wǒ jì bù bēiguān yě bú lèguān, zhǐ huì jìn quánlì.

이 일에 대해 나는 비관도 낙관도 하지 않고 최선을 다할 것이다.

虽然我特别想去旅游, 但是现在既没有时间也没有钱。

suīrán wǒ tèbié xiǎng qù lǚyóu, dànshì xiànzài jì méiyǒu shíjiān yě méiyǒu qián.

비록 나는 여행을 가고 싶은 생각이 굴뚝같지만, 지금 시간도 없고 돈도 없다.

2. 因此

'이렇기 때문에'라는 의미로 쓰인다. 지시대명사 此가 지시하는 내용은 앞에 출현한다.

예 她昨天和家人吵架了, 因此今天心情不太好。

tā zuótiān hé jiārén chǎojià le, yīncǐ jīntiān xīnqíng bú tài hǎo.

그녀는 어제 가족과 다투어서 오늘 기분이 좋지 않다.

他说话很有条理, 因此善于说服别人。

tā shuōhuà hěn yǒu tiáolǐ, yīncǐ shànyú shuōfú biérén.

그는 말을 조리있게 해서 남을 잘 설득한다.

3. 假如……

'만약 ……라면'이라는 의미로 쓰인다. 앞절(종속절)은 접속사 假如 뒤에 가정의 상황이 표현되고, 뒷절(주절)은 이러한 상황하의 결과를 나타낸다.

예 假如我是鸟儿, 我会飞翔在那高高的天空上。

jiǎrú wǒ shì niǎor, wǒ huì fēixiáng zài nà gāogāo de tiānkōng shàng.

내가 만약 새라면 저 높은 하늘을 날아다닐 거야.

假如地球毁灭, 人类将会怎么样?

jiǎrú dìqiú huǐmiè, rénlèi jiāng huì zěnmeyàng?

가령, 지구가 멸망한다면 인류는 어떻게 될까?

연습문제

1. 본문을 읽고 난 후에 빈 칸에 들어갈 적당한 단어를 채우시오.

(1) 除了看电视、听广播, 现在还有一个非常流行的社交网络平台—(　　　　)。

(2) 在微博上你(既)可以作为观众浏览你感兴趣的信息; (　　　　)可以作为发布者, 在微博上发布内容。

2. 다음에 주어진 한국어 문장을 중국어로 작문하시오. (주어진 단어를 활용할 것)

(1) 당신은 유명인사나 일반시민에 주목할 수 있습니다.

关注　草根　你　名人　或　可以

(　　　　　　　　　　　　　　　　　　　　　　)

(2) 전파속도가 빠른 것이 웨이보의 가장 큰 특징이다.

特点　传播　快　的　是　大　微博　最　速度

(　　　　　　　　　　　　　　　　　　　　　　)

3. 본문을 읽고 난 후에 다음 문장의 적부(O, X)를 판단하시오.

(1) 微博发布的内容一般比较简短, 限制在130个字以内。(　　　)

(2) 在微博上假如你有200万听众, 你发布的信息会在瞬间传播给200万人。

(　　)

(二) 微信，是一种生活方式

你有没有这样的经历？你的手机里有几百个联系人，但
nǐ yǒu méi yǒu zhèyàng de jīnglì? nǐ de shǒujī lǐ yǒu jǐbǎi ge liánxìrén, dàn
无聊的时候想找人聊天，却不知道该联系谁；你很喜欢运动，
wúliáo de shíhòu xiǎng zhǎo rén liáotiān, què bù zhīdào gāi liánxì shúi; nǐ hěn xǐhuan yùndòng,
却不知道谁有兴趣周末和你一起去打球；和一个老朋友见
què bù zhīdào shúi yǒu xìngqù zhōumò hé nǐ yìqǐ qù dǎqiú; hé yíge lǎopéngyou jiàn
面，却因为太久没有联系找不到合适的话题；你的学校里有
miàn, què yīnwèi tài jiǔ méiyǒu liánxì zhǎo bu dào héshì de huàtí; nǐ de xuéxiào lǐ yǒu
几千个甚至上万个学生，你却只认识你们班的人。
jǐ qiān ge shènzhì shàng wàn ge xuésheng, nǐ què zhǐ rènshi nǐmen bān de rén.

因为学习很忙，工作很忙，现代社会的人生活节奏越来
yīnwèi xuéxí hěn máng, gōngzuò hěn máng, xiàndài shèhuì de rén shēnghuó jiézòu yuèlái
越快，每个人都把自己关在自己的小圈子里，没有时间也没
yuè kuài, měige rén dōu bǎ zìjǐ guān zài zìjǐ de xiǎoquānzi lǐ, méi yǒu shíjiān yě méi
有机会认识除了“熟人”以外的人，不认识住在对面的邻居，
yǒu jīhuì rènshi chúle“shúrén” yǐwài de rén, bú rènshi zhùzài duìmiàn de línjū,
也不知道同事的兴趣爱好；即使是同住在一个城市里的“熟
yě bù zhīdào tóngshì de xìngqù àihào; jíshǐ shì tóng zhùzài yígè chéngshì lǐ de“shú

人”，也会因为忙碌，逐渐失去联系。
rén", yě huì yīnwèi mánglù, zhújiàn shīqù liánxì.

微信的出现，打破了这一种生活方式。通过微信，你可以寻找朋友，了解熟人的近况；你也可以“摇一摇”，认识陌生人；你也可以看看你附近有什么人，可能你们同在一个写字楼工作，可能是同样爱吃一家蛋糕店的甜点，可能是同样热爱运动的健身达人，可能你们都在学习汉语……
wēixìn de chūxiàn, dǎpò le zhè yì zhǒng shēnghuó fāngshì. tōngguò wēixìn, nǐ kěyǐ xúnzhǎo péngyou, liǎojiě shúrén de jìnkuàng; nǐ yě kěyǐ"yáo yī yáo", rènshi mòshēngrén; nǐ yě kěyǐ kànkan nǐ fùjìn yǒu shénme rén, kěnéng nǐmen tóngzài yígè xiězìlóu gōng zuò, kěnéng shì tóngyàng ài chī yìjiā dàngāo diàn de tiándiǎn, kěnéng shì tóngyàng rèài yùn dòng de jiànshēn dá rén, kěnéng nǐmen dōu zài xuéxí hànyǔ……

每个人周围都有很多形形色色的熟人或陌生人，大家每天都平行过着自己的生活，而微信，正好开启了另一种生活方式。(423字)
měige rén zhōuwéi dōu yǒu hěnduō xíngxíngsèsè de shúrén huò mòshēngrén, dàjiā měi tiān dōu píngxíng guò zhe zìjǐ de shēnghuó, ér wēixìn, zhènghǎo kāiqǐ le lìng yì zhǒng shēnghuó fāngshì.

(后两段部分根据百度文库“微信是一种生活方式”改编 http: // wenku.baidu.com / view / 3e666f2e5a8102d276a22f18.html)

새로운 단어

经历	jīnglì	(동) 몸소 겪다, 체험하다 (명) 경험, 경력
合适	héshì	(형) 적당하다, 알맞다
话题	huàtí	(명) 화제, 이야기의 주제
甚至	shènzhì	(부) 심지어 …까지도, …조차도 (뒤에 **都**, **也**가 옴)
节奏	jiézòu	(명) 리듬, 흐름, 일정한 규칙
小圈子	xiǎoquānzi	(명) 좁은 생활 범위, 소집단
熟人	shúrén	(명) 잘 알고 있는 사람, 단골손님
邻居	línjū	(명) 이웃 사람
忙碌	mánglù	(동) 서두르다, 바쁘게 하다
逐渐	zhújiàn	(부) 점점, 점차
失去	shīqù	(동) 잃다, 잃어버리다
打破	dǎpò	(동) 타파하다, 깨다, 때려부수다
寻找	xúnzhǎo	(동) 찾다
了解	liǎojiě	(동) 알다, 이해하다
近况	jìnkuàng	(명) 근황
陌生	mòshēng	(형) 생소하다, 낯설다
写字楼	xiězìlóu	(명) (광동어) 사무소
蛋糕	dàngāo	(명) 케이크
甜点	tiándiǎn	(명) 단 빵이나 디저트
热爱	rèài	(동) 뜨겁게 사랑하다
健身	jiànshēn	(동) 신체를 건강하게 하다
周围	zhōuwéi	(명) 주위, 주변
形形色色	xíngxíngsèsè	(형) 형형색색의, 가지각색의
平行	píngxíng	(형) 동시에 일어나는, 동등한, 대등한
正好	zhènghǎo	(형) 딱맞다, 꼭 맞다 (부) 마침
开启	kāiqǐ	(동) 열다, 개방하다, 시작하다

주석

1. 却……

전환복문의 뒷절에 쓰여 '오히려……'의 의미로 쓰인다. 앞절(종속절)과 뒷절(주절)의 내용이 일치하지 않고 상대적이거나 상반적이다.

예 文章虽短, 却很有内容。
wénzhāng suī duǎn, què hěn yǒu nèiróng.
글은 비록 짧지만 내용은 충실하다.

他的话缓慢, 语气却很坚决。
tā de huà huǎnmàn, yǔqì què hěn jiānjué.
그는 말은 느리지만 어조는 단호했다.

2. 即使A, 也B

'비록 A일지라도, B하다'의 의미로 쓰이는 전환복문이다. 即使대신에 就是, 就算, 哪怕 등을 사용할 수 있다. 앞절(종속절)은 어떤 가정적이거나 진실된 사실을 표현하면서 양보의 의미를 나타내고, 뒷절(주절)은 상대적이거나 상반된 입장에서 의견을 제시한다.

예 即使无路可走, 依然还有希望。
jíshǐ wú lù kě zǒu, yīrán háiyǒu xīwàng.
설령 막다른 길이라 해도 여전히 희망은 있다.

她即使是区区小事, 也很容易生气。
tā jíshǐ shì qūqū xiǎoshì, yě hěn róngyì shēngqì.
그녀는 아주 사소한 일로도 쉽게 화를 낸다.

3. 而

접속사 而은 '그러나'의 의미로 역접의 기능도 있고, '그리고'의 의미로 순접의 기능도 있다.

예 波士顿同普林斯顿之间开车才相距五个小时, 在美国只能算是"近距离", 而气候却有不小差异。

bōshìdùn tóng pǔlínsīdùn zhījiān kāichē cái xiāngjù wǔ ge xiǎoshí, zài měiguó zhǐnéng suànshì "jìnjùlí", ér qìhòu què yǒu bù xiǎo chāyì.

보스턴과 프린스턴 간의 거리는 차로 다섯시간인데, 미국 내의 거리 치고는 가까운 편이나 그 기후는 오히려 적지 않은 차이가 있었다.

当他停止呼吸时, 身边的伙伴把这告诉了他父亲, 而父亲只看了一眼说: "天意如此! 我又奈何?"

dāng tā tíngzhǐ hūxī shí, shēnbiān de huǒbàn bǎ zhè gàosu le tā fùqīn, ér fùqīn zhǐ kàn le yìyǎn shuō: "tiānyìrúcǐ! wǒ yòu nàihé?"

그의 숨이 멎었을 때, 옆에 있던 사람이 그의 아버지에게 이 사실을 알렸으나 아버지는 한 번 보고는 말하길, "하늘의 뜻이 그러하니 내가 어쩌겠는가?"하였다.

연습문제

1. 본문을 읽고 난 후에 빈 칸에 들어갈 적당한 단어를 채우시오.

(1) 和一个老朋友见面, (　　　　)因为太久没有联系找不到合适的话题。

(2) 你的学校里有几千个(　　　　)上万个学生, 你却只认识你们班的人。

(3) (　　　　)是同住在一个城市里的"熟人", (　　　　)会因为忙碌, 逐渐失去联系。

2. 다음에 주어진 한국어 문장을 중국어로 작문하시오. (주어진 단어를 활용할 것)

(1) 사람마다 모두 자신을 자기의 작은 범위에 가두고 있다.

都　自己　自己　关　的　在　里　每个　把　小　圈子　人

(　　　　　　　　　　　　　　　　　　　　　　　　　　　　)

(2) 웨이신의 출현은 이런 생활방식을 깨뜨렸다.

这　一种　微信　的　了　生活方式　打破　出现

(　　　　　　　　　　　　　　　　　　　　　　　　　　　　)

3. 본문을 읽고 난 후에 다음 문장의 적부(O, X)를 판단하시오.

(1) 微信, 正好开启了另一种生活方式。(　　　　)

(2) 通过微信, 你可以寻找朋友, 了解熟人的近况。(　　　　)

문법특강

把자문

행위대상를 개사 把(혹 将)의 뒤에 놓아 개사구를 만들어서 동사 앞으로 이동하고, 동사 뒤에는 그 동작에 의한 처리 결과가 나오는 문장을 말한다. 일반적으로 '행위자(agent)는 행위대상(patient)를 ~하였다'로 해석되어, '처치식'으로 알려져 있다. 그 형식은 다음과 같다.

행위자(agent) + 把 + 행위대상(patient) + 동사 + 기타성분

가. 처치와 동사의 처치성을 강조한다. 그러므로 처치성을 갖지 않는 동사는 일반적으로 把자문에 사용되지 않는다.

예 他把那棵树砍掉了。
tā bǎ nà kē shù kǎn diào le.
그는 그 나무를 베어 냈다.

把窗户打开吧。
bǎ chuānghù dǎkāi ba.
창문을 열어라.

*我把他认识了。 *把花香闻到了。

나. 把자문에서 동사뒤에 항상 처치의 결과나 영향과 관계된 기타성분이 반드시 와야 한다. 그러나 미래의 가능성을 나타내는 가능보어나 동태조사 过등은 올 수 없다.

예 妈妈把这封信写好了。
māma bǎ zhè fēng xìn xiě hǎo le.
어머니는 이 편지를 다 써 놓으셨다.

*妈妈把这封信写。

你们把这些问题讨论讨论吧。
nǐmen bǎ zhèxiē wèntí tǎolùntǎolùn ba.
너희들은 이 문제들을 토론 좀 해봐라.

*你们把这些问题讨论。

다. 把자문의 목적어는 특정한 것이나 대화참여자가 이미 알고 있는 것이어야 한다.

예 我把那杯咖啡喝了。
wǒ bǎ nà bēi kāfēi hē le.
나는 그 커피를 마셨다.

*我把一杯咖啡喝了。

我把这本小说看完了。
wǒ bǎ zhè běn xiǎoshuō kàn wán le.
나는 이 소설을 다 읽었다.

*我把一本小说看完了。

被자문(피동문)

개사 被, 叫, 让, 给 등을 사용하여, 주로 피동적인 행위를 통하여 행위 대상을 어떤 상태에 이르게 하는 상황을 표현할 때에 쓰이는 문장이다. '행위대상은 행위자(被뒤의 명사)에 의해서 ~되다'로 해석되어, '처치식' 문장으로 알려져 있다. 형식은 다음과 같다.

행위대상(patient) + 被 + 행위자(agent) + 동사 + 기타성분

가. 被자문은 把자문과 마찬가지로 동사는 일반적으로 처치의 의미를 갖는다. 被자문에 쓰이는 동사는 把자문에 쓰이는 동사보다 범위가 좀더 넓다.

예 晚饭已经被她做好了。
wǎnfàn yǐjīng bèi tā zuòhǎo le.
저녁 식사는 이미 그녀에 의해 다 되었다.

那个杯子被弟弟打碎了。
nàge bēizi bèi dìdi dǎsuì le.
그 컵은 동생에 의해 깨졌다.

나. 被자문에서 동사뒤에 항상 처치의 결과나 영향과 관계된 기타성분이 와야 한다.

예 他被敌人捆了起来。
tā bèi dírén kǔn le qǐlái.
그는 적에게 묶였다.

今天忘了带伞, 被雨淋了。
jīntiān wàng le dài sǎn, bèi yǔ lín le.
오늘 우산을 가져오는 것을 잊어서 비에 젖었다.

다. 被자문의 주어는 특정한 것이나 대화참여자가 이미 알고 있는 것이어야 한다.

예 我的钱包被小偷儿偷去了。
wǒ de qiánbāo bèi xiǎotōur tōu qù le.
내 지갑은 소매치기에게 도둑맞았다.

小李被大家选为班长了。
xiǎolǐ bèi dàjiā xuǎn wéi bānzhǎng le.
모두가 시아오리를 반장으로 선출했다.

라. 동작의 주체를 굳이 설명할 필요가 없을 때는 被뒤의 명사(행위자)를 생략할 수 있다. 그러나 把자문에서는 把뒤의 명사(대상)을 생략할 수 없다.

예 窗户被打破了。
chuānghù bèi dǎpò le.
창문이 깨졌습니다.

*我把看完了。

※ '행위자'는 행위를 하는 당사자를 의미하며, 중국어로 施事, 영어로 agent를 사용한다. '행위대상'은 행위가 미치는 대상을 의미하며, 중국어로 受事, 영어로 patient를 사용한다.

11

恋爱和结婚

(一) 我的初恋

나의 첫사랑

(二) 什么是“剩女”

무엇이 ‘셩뉘’인가

(一) 我的初恋

我是一个美国人，我在中国留学的时候，认识了一个韩国
wǒ shì yíge měiguó rén, wǒ zài zhōngguó liúxué de shíhou, rènshi le yíge hánguó

的女孩，她的汉语比我好，我常常向她请教汉语的问题。我的
de nǚhái, tā de hànyǔ bǐ wǒ hǎo, wǒ chángcháng xiàng tā qǐngjiào hànyǔ de wèntí. wǒ de

汉语不太好，也不会说韩语，为了能和她交流，我努力学习汉
hànyǔ bú tài hǎo, yě bú huì shuō hányǔ, wèile néng hé tā jiāoliú, wǒ nǔlì xuéxí hàn

语，有时还看看韩剧。这样和她聊天的时候，我们不仅可以聊
yǔ, yǒushí hái kànkan hánjù. zhèyàng hé tā liáotiān de shíhou, wǒmen bùjǐn kěyǐ liáo

汉语，还可以聊聊韩国。当她知道我看韩剧时，她显得非常惊
hànyǔ, hái kěyǐ liáoliao hánguó. dāng tā zhīdào wǒ kàn hánjù shí, tā xiǎnde fēicháng jīng

讶，也很高兴。就这样，我们慢慢熟悉起来，对彼此也有好感。
yà, yě hěn gāoxìng. jiù zhèyàng, wǒmen mànmàn shúxī qǐlái, duì bǐcǐ yě yǒu hǎogǎn.

可惜的是，留学的时间只有一年，一年以后，我回了美国，而
kěxī de shì, liúxué de shíjiān zhǐyǒu yī nián, yī nián yǐhòu, wǒ huí le měiguó, ér

她也回了韩国。
tā yě huí le hánguó.

虽然我们都很喜欢对方，但我们也知道以后见面的机会
suīrán wǒmen dōu hěn xǐhuan duìfāng, dàn wǒmen yě zhīdào yǐhòu jiànmiàn de jīhuì

可能不太多，我们只能留着彼此的美好记忆中。(240字)
kěnéng bú tài duō, wǒmen zhǐnéng liú zhe bǐcǐ de měihǎo jìyì zhōng.

새로운 단어

留学	liúxué	(동) 유학하다 (명) 유학
交流	jiāoliú	(동) 교류하다
努力	nǔlì	(동) 노력하다, 힘쓰다
韩剧	hánjù	(명) 한국드라마 ('韩国电视剧'을 줄인말)
显得	xiǎnde	(동) 드러나다, …하게 보이다, …인 것처럼 보이다
惊讶	jīngyà	(형) 의아스럽다, 놀랍다
熟悉	shúxī	(형) 잘 알다, 익숙하다 (동) 분명하게 이해하다, 충분히 알다
彼此	bǐcǐ	(명) 피차, 상호, 서로
可惜	kěxī	(형) 섭섭하다, 아쉽다, 유감스럽다
记忆	jìyì	(명) 기억 (동) 기억하다

주석

1. 为了A, B

'A라는 목적을 위해서, B하다'는 의미로 쓰인다. 개사 为了 대신에 为着, 为 등을 사용할 수 있다.

예 为了这件事, 我跑了无数趟。

wèile zhè jiàn shì, wǒ pǎo le wúshùtàng.

이 일을 위하여 나는 무수히 오갔다.

为了还债, 我拼命做事。

wèile huánzhài, wǒ pīnmìng zuòshì.

나는 빚을 갚기 위해 열심히 일했다.

2. 当 ~ 时

'~할 때에'라는 의미로 쓰인다.当을 대신하여 在를 사용할 수 있다.

예 他可真是你的朋友, 当你落难时, 他到处代为说项。

tā kě zhēnshì nǐ de péngyou, dāng nǐ luònàn shí, tā dàochù dàiwéi shuōxiàng.

네가 어려움에 닥쳤을 때 그가 곳곳에 다니며 너를 도와달라 부탁하는 것을 보니, 그는 진정한 친구더라.

当人手很不足时, 刚好她来帮忙了。

dāng rénshǒu hěn bùzú shí, gānghǎo tā lái bāngmáng le.

일손이 턱없이 부족하던 차에 때마침 그녀가 도움을 주었다.

3. 显得

'드러나다', '…인 것처럼 보이다'의 의미로 쓰인다.

예 她的脸显得很苍白。
tā de liǎn xiǎnde hěn cāngbái.
그녀의 얼굴이 창백해 보인다.

荷花在太阳的映照下显得特别红。
héhuā zài tàiyáng de yìngzhào xià xiǎnde tèbié hóng.
햇빛에 비친 연꽃이 유달리 붉구나.

4. 可惜的是

'안타까운 것은'의 의미로 사용된다.

예 可惜的是相对于他的实力, 他没能得到好成绩。
kěxī de shì xiāngduìyú tā de shílì, tā méi néng dédào hǎo chéngjì.
안타까운 것은 그가 실력에 비해 성적을 내지 못했다는 것이다.

可惜的是他明晚不在这儿。
kěxī de shì tā míngwǎn bú zài zhèr.
안타까운 것은 그가 내일 저녁에 여기 없다는 사실이다.

연습문제

1. 본문을 읽고 난 후에 빈 칸에 들어갈 적당한 단어를 채우시오.

(1) (　　　　)能和她交流, 我努力学习汉语, 有时还看看韩剧。

(2) (　　　　)她知道我看韩剧(　　　　), 她(　　　　)非常惊讶, 也很高兴。

2. 본문의 내용에 근거하여 다음 질문에 대한 답을 고르시오.

(1) 본문에 대한 설명으로 맞는 것은? (　　)

A. 미국 남성과 중국여성의 사랑 이야기이다.

B. 미국 남성은 중국어를 잘한다.

C. 한국 여성은 중국어를 잘한다.

D. 중국 여성은 영어를 잘한다.

(2) 본문에 나오는 남성에 대하여 설명한 것이다 틀린 것은? (　　)

A. 미국남성은 중국 유학 시에 한국여성을 알게 되었다.

B. 미국남성은 중국유학을 마치고 미국으로 가게 되었다.

C. 둘의 사랑은 1년간 유지되고 끝나게 되었다.

D. 미국남성은 중국 대학원에서 학위공부를 하였다.

3. 다음에 주어진 한국어 문장을 중국어로 작문하시오. (주어진 단어를 활용할 것)

(1) 우리는 중국어에 대해서 대화할뿐 아니라, 한국에 대해서도 대화하였다.

还　韩国　不仅　可以　聊聊　聊　可以　我们　汉语

(　　　　　　　　　　　　　　　　　　　　　　　　　　　)

(2) 우리는 천천히 익숙해졌고, 서로에 대해서 호감을 가지게 되었다.

起来　好感　我们　有　熟悉　对　也　好感　慢慢　彼此

(　　　　　　　　　　　　　　　　　　　　　　　　　　　)

(二) 什么是"剩女"

"剩女"，是中国大龄未婚女青年得到的一个新称号，她们三十多岁，大部分有高学历和高收入，又聪明又漂亮，条件很好，可以说是"白富美"，但就是找不到对象，没有结婚。

"shèngnǚ", shì zhōngguó dàlíng wèihūn nǚ qīngnián dédào de yíge xīn chēnghào, tāmen sānshí duō suì, dàbùfen yǒu gāo xuélì hé gāo shōurù, yòu cōngming yòu piàoliang, tiáojiàn hěn hǎo, kěyǐ shuō shì"báifùměi", dàn jiùshì zhǎo bu dào duìxiàng, méiyǒu jiéhūn.

在中国，很多人认为，女性应该在27岁前就成家生孩子，如果27岁过了，还迟迟不结婚，那就变成了"剩女"，比她们年纪大的孩子已经几岁了，比她们年纪小的也高高兴兴嫁人了，只有她们被剩下来了。

zài zhōngguó, hěnduō rén rènwéi, nǚxìng yīnggāi zài èrshíqī suì qián jiù chéngjiā shēng háizi, rúguǒèrshíqī suì guò le, hái chíchí bù jiéhūn, nà jiù biànchéng le"shèngnǚ", bǐ tāmen niánjì dà de háizi yǐ jīng jǐsuì le, bǐ tāmen niánjì xiǎo de yě gāogāoxìngxìng jiàrén le, zhǐyǒu tāmen bèi shèngxià lái le.

从理论上说，这些高质量的女性找对象应该不成问题，但现实生活中却有越来越多的中国职业女性说，她们难以找

cóng lǐlùn shàng shuō, zhèxiē gāo zhìliàng de nǚxìng zhǎo duìxiàng yīnggāi bù chéng wèntí, dàn xiànshí shēnghuó zhōng què yǒu yuèláiyuè duō de zhōngguó zhíyè nǚxìng shuō, tāmen nányǐ zhǎo

到与自己般配的另一半。为什么呢？她们都受过很好的教育，
dào yǔ zìjǐ bānpèi de lìng yíbàn. wèishénme ne? tāmen dōu shòu guo hěnhǎo de jiàoyù,

能力很强，有自己的事业，对生活有着自己的追求，她们当
nénglì hěn qiáng, yǒu zìjǐ de shìyè, duì shēnghuó yǒu zhe zìjǐ de zhuīqiú, tāmen dāng

然希望找到一个可以和她们水平一样高的男人，但这样的男
rán xīwàng zhǎodào yíge kěyǐ hé tāmen shuǐpíng yíyàng gāo de nánrén, dàn zhèyàng de nán

人，又觉得和她们生活在一起压力太大，而且两个人都追求
rén, yòu juéde hé tāmen shēnghuó zài yìqǐ yālì tài dà, érqiě liǎng ge rén dōu zhuīqiú

自己的事业，没有人可以为家庭付出。但是能力比较一般的
zìjǐ de shìyè, méiyǒu rén kěyǐ wèi jiātíng fùchū. dànshì nénglì bǐjiào yìbān de

男人，"剩女"们却不愿意将就，为了结婚而结婚，她们中大多
nánrén, "shèngnǔ" men què bú yuànyì jiāngjiù, wèile jiéhūn ér jiéhūn, tāmen zhōng dàduō

数人都相信只要等待，就能等到自己的真命天子，为了爱情
shù rén dōu xiāngxìn zhǐyào děngdài, jiù néng děngdào zìjǐ de zhēnmìng tiānzǐ, wèile àiqíng

而结婚。(408字)
ér jiéhūn.

(根据百度百科"剩女"词条改编 http: // baike.baidu.com / link?url–LJYHVS89YXZcgTn36P7IUprhvzCfI8 BMu3np2FmKBnfY-sfEFOMAiHSuqu3clARm)

새로운 단어

剩女	shèngnǔ	(명) 노처녀
大龄	dàlíng	(형) 나이가 많은 (주로 결혼 연령, 취학 연령을 넘긴 사람한테 쓰인다)
未婚	wèihūn	(형) 미혼의
得到	dédào	(동) 얻다, 획득하다
称号	chēnghào	(명) 칭호

收入	shōurù	(동) 받다, 받아들이다 (명) 수입, 소득
聪明	cōngming	(형) 똑똑하다, 총명하다
条件	tiáojiàn	(명) 조건, 기준
白富美	báifùměi	(명) 엄친딸 (피부가 희고 돈 많고 예쁜 여자)
对象	duìxiàng	(명) (연애, 결혼) 상대
成家	chéngjiā	(동) 장가들다, 성가하다
迟迟	chíchí	(부) 매우 늦도록, 느릿느릿
变成	biànchéng	(동) …(으)로 변하다, …(으)로 되다
高高兴兴	gāogāoxìngxìng	(형) 아주 즐겁다, 아주 유쾌하다
嫁人	jiàrén	(동) 시집가다
质量	zhìliàng	(명) 질량, 질과 양
现实	xiànshí	(명) 현실 (형) 현실적이다
职业	zhíyè	(명) 직업
难以	nányǐ	(형) …하기 어렵다
般配	bānpèi	(형) 짝이 맞다, 어울리다
事业	shìyè	(명) 사업
追求	zhuīqiú	(동) 추구하다, 사랑을 호소하다
付出	fùchū	(동) 지출하다, 지불하다
愿意	yuànyì	(동) 동의하다, 희망하다
相信	xiāngxìn	(동) 믿다, 신뢰하다
真命天子	zhēnmìngtiānzǐ	운명처럼 사랑하는 남자

주석

1. ……就是……

就是는 여기에서 '……뿐이다', '……밖에 안된다'라는 의미로 사용된다.

예 那就是那个意思呀?
nà jiùshì nà ge yìsi yā?
그게 그 뜻이었어?

你就是去了, 又能有什么办法?
nǐ jiùshì qù le, yòu néng yǒu shénme bànfǎ?
네가 간들 별 수 있겠니?

2. 从A上说

'A(측면)에서 말한다면'의 의미이다.

예 从体力上说, 我们队比对手有优势。
cóng tǐlì shàng shuō, wǒmen duì bǐ duìshǒu yǒu yōushì.
체력 면에서는 상대 팀보다 우리가 우세하다.

从客观上说, 他的想法过于理想化。
cóng kèguān shàng shuō, tā de xiǎngfǎ guòyú lǐxiǎng huà.
객관적으로 말하자면 그의 생각은 지나치게 이상적이다.

3. 而且

접속사 而且는 '게다가', '~일뿐 아니라', '또한' 등의 의미를 가진다. 앞절에 왕왕 접속사 不仅, 不但 등과 호응하여 점층복문을 이룬다.

예 不仅要改而且要赶快改。
bùjǐn yào gǎi érqiě yào gǎnkuài gǎi.
고쳐야 할 뿐 아니라 서둘러 고쳐야 한다.

他不但会说英语, 而且还会说法语。
tā búdàn huì shuō yīngyǔ, érqiě hái huì shuō fǎyǔ.
그는 영어를 할 수 있을 뿐만 아니라, 프랑스어도 할 줄 안다.

연습문제

1. 본문을 읽고 난 후에 빈 칸에 들어갈 적당한 보어를 채우시오.

(1) 如果27岁过了, 还迟迟不结婚, 那就变(　　　　　)了"剩女"。

(2) 比她们年纪小的也高高兴兴嫁人了, 只有她们被剩(　　　　　)了。

2. 본문의 내용에 근거하여 다음 질문에 대한 답을 고르시오.

(1) 다음은 셩뉘의 조건이다. 틀린 것은? (　　)

A. 고학력이다.

B. 총명하다.

C. 평균적인 수입(직장)을 얻는다.

D. 아름답다.

(2) 셩뉘에 대한 설명으로 틀린 것은? (　　)

A. 자신과 수준이 비슷하게 높은 남성 배우자를 찾는다.

B. 생활에서 자기의 꿈이 있다.

C. 결혼위한 결혼이 아닌 사랑을 위한 결혼을 원한다.

D. 연하의 남성을 희망한다.

3. 다음에 주어진 한국어 문장을 중국어로 작문하시오. (주어진 단어를 활용할 것)

(1) 그녀는 자신과 어울리는 다른 한쪽을 찾기는 쉽지 않다.

难以　另一半　自己　与　的　般配　找到　她们

(　　　　　　　　　　　　　　　　　　　　　　　　　　　　)

(2) 그녀들 중 대다수는 단지 기다려야 한다고 믿는다.

等待　她们　只要　中　都　相信　大多数人　她们

(　　　　　　　　　　　　　　　　　　　　　　　　　　)

4. 본문을 읽고 난 후에 다음 문장의 적부(O, X)를 판단하시오.

(1) “剩女”, 是中国大龄未婚女青年得到的一个新称号。(　　)

(2) “剩女”又追求自己的事业, 又可以为家庭付出。(　　)

GRAMMAR

문법특강

복문(复句) I

의미관계가 밀접한 두 개 또는 두 개 이상의 단문으로 이루어진 문장을 복문이라고 한다. 복문을 이루는 단문을 '절'이라고 한다. 중국어의 복문은 각 절 사이의 관계가 대등한 연합복문과 주절과 종속절로 구성된 종속복문으로 나뉜다.

○ 연합복문

연합복문은 각 절사이(앞절과 뒷절)의 관계가 대등한 복문이다. 연합복문에는 병렬복문, 순접복문, 점층복문, 선택복문 등이 있다.

1. 병렬복문

어떤 사물이나 사실에 대해서 설명하거나 묘사할 때 사용한다. 자주쓰이는 형태로는 又A, 又B(A하기도 하고, B하기도 하다); 一边A, 一边B(한편으로는 A하고, 한편으로는 B하다); 一面A, 一面B (한편으로는 A하고, 한편으로는 B하다); 不是A, 而是B(A하는 것이 아니라 B이다); 既A, 又B(A이기도 하고 B이기도 하다); A, 也B (A하고, B하기도 하다); A, 又B (A하고, 또 B하다) 등이 있다.

예 他们不是去法国，而是去中国。
tāmen bú shì qù fǎguó, érshì qù zhōngguó.
우리는 프랑스에 가는 것이 아니라, 중국에 가는 것이다.

他的公寓既干净又安静。
tā de gōngyù jì gānjìng yòu ānjìng.
그의 아파트는 깨끗하고 조용하다.

2. 순접복문 (연관복문)

연속적으로 일어나는 동작이나 사건을 차례차례 서술하거나 묘사한다. 자주 쓰이는 형태로는 首先A , 然后B(먼저 A하고, 나중에 B하다); 先A, 再B(먼저 A하고, 다시 B하다); A, 便(就)B(A하고는, 곧 B하다); A, 于是B(A해서, 그래서B하다); A, 才B (A에서야, 비로소 B하다) 등이 있다.

예 他们首先参观颐和园, 然后去故宫。
Tāmen shǒuxiān cānguān yíhéyuán, ránhòu qù gùgōng.
그들은 먼저 이화원을 구경한 후, 고궁에 간다.

先把案件调查清楚, 再研究解决的方法。
Xiān bǎ ànjiàn diàochá qīngchu, zài yánjiū jiějué de fāngfǎ.
먼저 사건을 확실히 조사한 후 다시 해결할 방법을 연구하자.

3. 점층복문

뒤의 내용이 앞의 내용보다 한층 더 심해지거나 발전되는 것을 나타냄. 자주 쓰이는 형태로는 A, 而是B(A하고, 게다가 B하다); 不但A, 而且B(비단 A일뿐만 아니라(게다가) B하기도 하다); 不仅A, 还 / 也B(A뿐만 아니라, 또한 B); A, 甚至B(A, 심지어 B); 连A也 / 都……, 何况B (A조차도 ……한데, 하물며 B임에랴) 등이 있다.

예 李健非常聪明, 而且还很用功。
lǐjiàn fēicháng cōngming, érqiě hái hěn yònggōng.
리젠은 매우 똑똑할 뿐만 아니라 공부도 열심히 한다.

老宋不但热情, 而且很耐心。
lǎosòng búdàn rèqíng, érqiě hěn nàixīn.
송선생님은 열정적일 뿐만 아니라 인내심도 강하다.

4. 선택복문

몇 가지 상황을 제시하고, 그 중에서 한 가지를 선택할 때 쓴다. 자주 쓰이는 형태로는 是A, 还是B(A아니면 B이다) ; 不是A, 就是B(A이 아니면 B이다); 与其A, 不如B(A하기보다는 B하는 것이 더 낫다); 宁可A, 也不B(차라리 A할지언정 B하지 않다); 宁可A, 决不B(차라리 A할지언정 결코 B하지 않다); 或者A, 或者B(A하거나, B하다); 要么A, 要么B(A하든지, B하든지) 등이 있다.

예 与其读小说，不如看电影。
Yǔqí dú xiǎoshuō, bùrú kàn diànyǐng.
소설을 읽느니 영화를 보는 것이 더 낫다.

我宁可自己多做一些，也不把工作推给别人。
Wǒ nìngkě zìjǐ duō zuò yì xiē, yě bù bǎ gōngzuò tuī gěi biérén.
차라리 내가 일을 좀더 하지, 타인에게 일을 떠 넘기지 않겠다.

12

求职就业

(一) 找工作

직장을 찾다

(二) 最受欢迎的职业

가장 환영받는 직업

(一) 找工作

找工作和做其它事情一样，也有方法和技巧。首先要了
zhǎo gōngzuò hé zuò qítā shìqing yíyàng, yě yǒu fāngfǎ hé jìqiǎo. shǒuxiān yào liǎo

解自己，包括了解自己的知识、技能、性格、爱好以及身体状
jiě zìjǐ, bāokuò liǎojiě zìjǐ de zhīshi、jìnéng、xìnggé、àihào yǐjí shēntǐ zhuàng

况等。找工作之前，你必须先对自己有全面的认识，一定得知
kuàng děng. zhǎo gōngzuò zhīqián, nǐ bìxū xiān duì zìjǐ yǒu quánmiàn de rènshi, yídìng děi zhī

道自己能做什么，不适合做什么，不能眼高手低。其次要了解
dào zìjǐ néng zuò shénme, bú shìhé zuò shénme, bù néng yǎngāoshǒudī. qícì yào liǎojiě

你所选择的职业和行业。了解职业岗位的工作内容、工作性
nǐ suǒ xuǎnzé de zhíyè hé hángyè. liǎojiě zhíyè gǎngwèi de gōngzuò nèiróng、gōngzuò xìng

质和要求。可以向亲朋好友中做过相关工作的人了解有关情
zhì hé yāoqiú. kěyǐ xiàng qīnpéng hǎoyǒu zhōng zuò guo xiāngguān gōngzuò de rén liǎojiě yǒuguān qíng

况，做到知己知彼。在了解自己和工作的基础上，最后就要开
kuàng, zuòdào zhījǐzhībǐ. zài liǎojiě zìjǐ hé gōngzuò de jīchǔ shàng, zuìhòu jiù yào kāi

始求职了。可以通过参加招聘会，在网上投简历等方式争取
shǐ qiúzhí le. kěyǐ tōngguò cānjiā zhāopìnhuì, zài wǎngshàng tóu jiǎnlì děng fāngshì zhēngqǔ

面试机会。(215字)
miànshì jīhuì.

(改编自百度知道http: // zhidao.baidu.com / link?url=-UvsljR1pBOm7l8jRkOqib4C8K_yem-pGgEJ1sz6C_i1VHbAx6M6pfSpKOuqE58CkSAXy2iUarHs-7UKetBwSa)

새로운 단어

技巧	jìqiǎo	(명) 기교, 기예, 테크닉
包括	bāokuò	(동) 포함하다, 포괄하다
知识	zhīshi	(명) 지식
技能	jìnéng	(명) 기능, 솜씨
以及	yǐjí	(접) 및, 그리고, 아울러
状况	zhuàngkuàng	(명) 상황, 상태, 형편
适合	shìhé	(동) 적합하다, 알맞다, 적절하다
眼高手低	yǎn gāo shǒu dī	(성) 스스로 바라는 수준은 높지만 실제 능력은 부족하다
行业	hángyè	(명) 직업, 직종
岗位	gǎngwèi	(명) 직책, 본분
性质	xìngzhì	(명) 성질, 성분
情况	qíngkuàng	(명) 상황, 형편, 정황
知己知彼	zhī jǐ zhī bǐ	(성) 지피지기 '[知己知彼, 百战不殆]' 구절에서 유래
基础	jīchǔ	(명) 토대, 기초, 기틀
招聘会	zhāopìnhuì	(명) 채용 박람회
简历	jiǎnlì	(명) 이력서, 약력
争取	zhēngqǔ	(동) 쟁취하다, 얻다, 이룩하다

주석

1. A和B一样

'A는 B와 같다'라는 의미로 주로 동급을 나타낼 때 쓰이는 비교문이다.

예 我的分数和他一样。
wǒde fēnshù hé tā yíyàng.
나의 점수는 그와 같다.

我的毛衣和你的一样。
wǒde máoyī hé nǐde yíyàng.
나의 스웨터는 너의 것과 같다.

2. 包括

'포함하다', '포괄하다'의 의미로 쓰인다.

예 宿舍里的人, 包括我在内都感冒了。
sùshè lǐ de rén, bāokuò wǒ zàinèi dōu gǎnmào le.
기숙사의 사람들이 나를 포함하여 모두 감기에 걸렸다.

人文科学包括哲学、史学、文学之类。
rénwén kēxué bāokuò zhéxué、shǐxué、wénxué zhīlèi.
인문과학은 철학, 사학, 문학 류를 포함한다.

3. 之前

'~하기 전에'의 의미로 문장내에서 부사어를 담당한다.

예 趁方便面泡烂之前赶紧过来吃呢。

chèn fāngbiànmiàn pào làn zhīqián gǎnjǐn guòlái chī ne.

라면이 불기 전에 빨리 와서 먹어라.

回家之前, 我得把工作做完。

huíjiā zhīqián, wǒ děi bǎ gōngzuò zuòwán.

집에 가기 전에 일을 다 끝내야지.

4. 在~的基础上

'~의 기초위에서'라는 의미이며 '在~上'는 어떤 범위를 나타낼 때 쓰인다.

예 应该在传统的基础上创造新的文化。

yīnggāi zài chuántǒng de jīchǔ shàng chuàngzào xīn de wénhuà.

전통의 토대 위에 새로운 문화를 창조해야 한다.

我们应该继续努力, 在原有的基础上不断地提高实力。

wǒmen yīnggāi jìxù nǔlì, zài yuányǒu de jīchǔ shàng búduànde tígāo shílì.

우리는 마땅히 계속 노력하여야 한다. 원래의 기초 위에 끊임없이 실력을 쌓아야 한다.

연습문제

1. 본문을 읽고 난 후에 빈 칸에 들어갈 적당한 단어를 채우시오.

(1) 找工作(　　　　) 做其它事情(　　　　), 也有方法和技巧。

(2) (　　　　) 了解自己和工作的基础(　　　　), 最后就要开始求职了。

2. 본문의 내용에 근거하여 다음 질문에 대한 답을 고르시오.

(1) 구직전에 자신에 대한 이해를 할 때, 필요한 요소가 아닌 것은?

A. 技能　　B. 性格

C. 爱好以及身体状况　　D. 经济状况

(2) 직업과 업종을 선택할 때 필요한 요소가 아닌 것은?

A. 工作的内容　　B. 工作的性质

C. 工作的要求　　D. 工作的报酬

3. 다음에 주어진 한국어 문장을 중국어로 작문하시오. (주어진 단어를 활용할 것)

(1) 당신은 자신이 무엇을 할 수 있는지 반드시 알아야 한다.

一定　什么　能　得　自己　做　知道　你

(　　　　　　　　　　　　　　　　)

(2) 인터넷상에 이력서등을 넣는 방식으로 면접의 기회를 잡아야 한다.

在　面试　争取　投　上　方式　机会　简历等　网

(　　　　　　　　　　　　　　　　)

(二) 最受欢迎的职业

什么工作最好？一百个人可能有一百个答案。有人觉得
shénme gōngzuò zuìhǎo? yìbǎi ge rén kěnéng yǒu yìbǎi ge dáàn. yǒu rén juéde

工资高最重要，只有赚到很多钱，工作才有价值；有人把发展
gōngzī gāo zuì zhòngyào, zhǐyǒu zhuàn dào hěnduō qián, gōngzuò cái yǒu jiàzhí; yǒurén bǎ fāzhǎn

空间放在第一位，一份好工作，一定可以让一个人不断进步；
kōngjiān fàng zài dì yí wèi, yī fèn hǎo gōngzuò, yídìng kěyǐ ràng yíge rén búduàn jìnbù;

有人考虑最多的是工作环境，好的环境会让人保持好心情，
yǒurén kǎolǜ zuì duō de shì gōngzuò huánjìng, hǎo de huánjìng huì ràng rén bǎochí hǎo xīnqíng,

工作起来效率高；有人拼了命也要留着大城市里，宁愿在北
gōngzuò qǐlái xiàolǜ gāo; yǒurén pīn le mìng yě yào liú zhe dà chéngshì lǐ, nìngyuàn zài běi

京、上海、广州过着拥挤的日子，也不愿意回到自己的家乡；
jīng、shànghǎi、guǎngzhōu guò zhe yōngjǐ de rìzi, yě bú yuànyì huídào zìjǐ de jiāxiāng;

有人喜欢稳定的，有人喜欢具有挑战性的，有人喜欢忙碌的，
yǒurén xǐhuan wěndìng de, yǒurén xǐhuan jùyǒu tiǎozhànxìng de, yǒurén xǐhuan mánglù de,

有人喜欢清闲的。
yǒu rén xǐhuan qīngxián de.

在中国，最受欢迎的职业有以下几种：
zài zhōngguó, zuì shòu huānyíng de zhíyè yǒu yǐxià jǐ zhǒng:

1. 公务员, 公务员工作稳定, 福利待遇比较好, 而且一般
gōngwùyuán, gōngwùyuán gōngzuò wěndìng, fúlì dàiyù bǐjiào hǎo, érqiě yìbān

来说, 不需要经常加班, 工作压力也不大, 每年的公务员考试
láishuō, bù xūyào jīngcháng jiābān, gōngzuò yālì yě bú dà, měinián de gōngwùyuán kǎoshì

都有成千上万人参加;
dōu yǒu chéngqiānshàngwàn rén cānjiā;

2. 教师, 与其他的职业相比, 教师最大的优势是有寒暑
jiàoshī, yǔ qítā de zhíyè xiāngbǐ, jiàoshī zuì dà de yōushì shì yǒu hánshǔ

假两个假期, 此外, 政府每年都在不断提高教师的福利待遇,
jià liǎng ge jiàqī, cǐwài, zhèngfǔ měinián dōu zài búduàn tígāo jiàoshī de fúlì dàiyù,

也使教师这份职业越来越受欢迎;
yě shǐ jiàoshī zhè fèn zhíyè yuèláiyuè shòu huānyíng;

3. 企业家, 企业家拥有自己的公司, 为了实现自己的事业
qǐyèjiā, qǐyèjiā yōngyǒu zìjǐ de gōngsī, wèile shíxiàn zìjǐ de shìyè

或梦想而奋斗, 虽然创业的过程有一定的风险, 但自己"做老
huò mèngxiǎng ér fèndòu, suīrán chuàngyè de guòchéng yǒu yídìng de fēngxiǎn, dàn zìjǐ"zuòlǎo

板", 是很多公司白领的最终目标。(406)
bǎn", shì hěnduō gōngsī báilǐng de zuìzhōng mùbiāo.

새로운 단어

答案	dá'àn	(명) 답안, 답
工资	gōngzī	(명) 임금
价值	jiàzhí	(명) 가치
发展	fāzhǎn	(동) 발전하다
空间	kōngjiān	(명) 공간
不断	búduàn	(동) 끊임없다 (부) 계속해서, 부단히, 끊임없이

进步	jìnbù	(명) 진보 (동) 진보하다
考虑	kǎolǜ	(명) 고려 (동) 고려하다
保持	bǎochí	(동) 유지하다, 지키다
效率	xiàolǜ	(명) 능률, 효율
拼命	pīnmìng	(동) 죽을힘을 다하다, 목숨을 내걸다
宁愿	nìngyuàn	(부) 차라리 …할지언정, 설령 …할지라도
拥挤	yōngjǐ	(동) 한데 모이다, 한 곳으로 몰리다
家乡	jiāxiāng	(명) 고향
稳定	wěndìng	(형) 안정되다, 안정적이다
具有	jùyǒu	(동) 구비하다, 가지다
挑战	tiǎozhàn	(명) 도전, (동) 도전하다
忙碌	mánglù	(형) 분망하다, 바쁘다
清闲	qīngxián	(형) 한가하다, 조용하고 한적하다
福利	fúlì	(명) 복지, 복리
加班	jiābān	(동) 초과 근무하다
成千上万	chéngqiānshàngwàn	(성) 수천수만, 대단히 많다
相比	xiāngbǐ	(동) 비교하다
优势	yōushì	(명) 우세
假期	jiàqī	(명) 휴가 기간
政府	zhèngfǔ	(명) 정부
企业	qǐyè	(명) 기업
奋斗	fèndòu	(동) 분투하다
创业	chuàngyè	(동) 창업하다
过程	guòchéng	(명) 과정
风险	fēngxiǎn	(명) 위험
白领	báilǐng	(명) 화이트칼라 계층, 정신 노동자 계층
目标	mùbiāo	(명) 목표, 표적

주석

1. 把A放在第一位

'A를 최우선으로 하다'의 의미로 쓰인다.

예 他总是把质量放在第一位, 而不是数量。
tā zǒngshì bǎ zhìliàng fàng zài dìyīwèi, ér bùshì shùliàng.
그는 항상 양보다 질을 최우선으로 한다.

我们公司把员工的福利放在第一位。
wǒmen gōngsī bǎ yuángōng de fúlì fàng zài dìyīwèi.
우리 회사는 직원들의 복지를 최우선으로 한다.

2. 宁愿 A , 也不 B

'차라리 A를 할지언정, B하지 않겠다'는 의미로, A 와 B 중에서 하나를 선택하는 선택복문이다.

예 他宁愿自己受批评, 也不让别人受伤害。
tā nìngyuàn zìjǐ shòu pīpíng, yě bú ràng biérén shòu shānghài
그는 차라리 자신이 비판을 받을지언정, 다른 사람이 상처받게 하지는 않는다.

张三宁愿自己承担, 也不把责任推给别人。
zhāngsān nìngyuàn zìjǐ chéngdān, yě bù bǎ zérèn tuī gěi biérén.
장싼은 스스로 부담할지언정, 책임을 다른 사람에게 미루지 않는다.

3. 一般来说

'일반적으로 말해서'라는 의미로 쓰인다.

예 一般来说，她周六会去逛街。

yìbān lái shuō, tā zhōuliù huì qù guàngjiē.

일반적으로 그녀는 토요일에 쇼핑을 간다.

一般来说学习者的年龄越小，外语习得的速度就越快。

yìbān lái shuō xuéxízhě de niánlíng yuè xiǎo, wàiyǔ xí dé de sùdù jiù yuè kuài.

일반적으로 학습자들의 연령이 어릴수록 외국어 습득의 속도는 빨라진다.

4. 此外

'이것 이외에'라는 의미이다. 지시대명사 此가 지칭하는 것은 일반적으로 此 앞쪽에 서술되어 있다.

예 他喜欢下棋，此外就没有其他什么爱好了。

tā xǐhuan xiàqí, cǐwài jiù méiyǒu qítā shénme àihào le.

그는 바둑 두는 것 외에 별다른 취미는 없다.

这些书刊是办公室统一给订的，此外如有需要，可以自己另订。

zhèxiē shūkān shì bàngōngshì tǒngyī gěi dìng de, cǐwài rú yǒu xūyào, kěyǐ zìjǐ lìngdìng.

이 도서와 간행물은 사무실에서 일괄적으로 주문하는 것이고, 그 외 수요가 있으면 본인이 별도로 주문할 수 있다.

5. 与A相比

'A에 비해서'라는 의미로 쓰인다.

예 与吃肉相比，她更喜欢素食。

yǔ chī ròu xiāngbǐ, tā gèng xǐhuan sùshí.

그녀는 육식에 비해서 채식을 즐기는 편이다.

与学生人数相比，该地区的学校数量远远不够。

yǔ xuésheng rénshù xiāngbǐ, gāi dìqū de xuéxiào shùliàng yuǎnyuǎn búgòu.

이 지역은 학생 수에 비해서 학교가 턱없이 부족하다.

연습문제

1. 본문을 읽고 난 후에 빈 칸에 들어갈 적당한 단어를 채우시오.

(1) 有人(　　)发展空间(　　　　)在第一位。

(2) (　　　　)在北京、上海、广州过着拥挤的日子, (　　　　)不愿意回到自己的家乡。

2. 본문의 내용에 근거하여 다음 질문에 대한 답을 고르시오.

(1) 중국에서 가장 환영받는 직업 3가지가 아닌 것은?

A. 공무원　　B. 교사　　C. 기업가　　D. 법률가

(2) 공무원의 장점이 아닌 것은?

A. 일이 안정적이다.　　B. 복지처우가 비교적 좋다.

C. 일의 스트레스가 크지 않다.　　D. 승진이 빠르다.

3. 다음에 주어진 한국어 문장을 중국어로 작문하시오. (주어진 단어를 활용할 것)

(1) 어떤 일이 가장 좋은가?

好　工作　最　什么

(　　　　　　　　　　　　　　　　　　)

(2) 어떤 이는 가장 고려하는 것이 작업환경이다.

环境　有人　是　考虑　最　的　工作　多

(　　　　　　　　　　　　　　　　　　)

(3) 좋은 환경은 사람으로 하여금 좋은 마음상태를 유지하게 한다.

心情　好　好　的　人　保持　会　让　环境

(　　　　　　　　　　　　　　　　　　　　　　　　　)

4. 본문을 읽고 난 후에 다음 문장의 적부(O, X)를 판단하시오.

(1) 教师最大的优势是有寒暑假两个假期。(　　)

(2) 企业家拥有自己的公司, 为了实现自己的事业或梦想而奋斗。(　　)

문법특강

복문(复句)II

○ 종속복문

종속복문은 주절과 종속절로 구성된 복문이다. 종속복문에는 전환복문, 인과복문, 조건복문, 가정복문, 목적복문 등이 있다.

5. 전환복문

'~하는데', '~하지만'의 뜻으로 종속절과 주절의 내용이 서로 상반되거나 뒤에 다른 내용이 온다. 주요 형식으로는 虽然A, 但是B (비록A이지만, 그러나B하다); 虽然A, 可是B(비록A이지만, 그러나 B하다); A, 不过(可是)B(A하나, 그러나B하다); A, 否则B(A해야지, 그렇지 않으면 B하다); A, 却B(A하나, 오히려B); A, 然而B(A , 그러나 B하다)

예 我虽然很喜欢诗, 但是我不会写。
Wǒ suīrán hěn xǐhuan shī, dànshì wǒ bú huì xiě.
나는 비록 시를 좋아하지만 쓸 줄은 모른다.

学汉语应该多练习, 否则就学不好。
Xué hànyǔ yīnggāi duō liànxí, fǒuzé jiù xué bu hǎo.
중국어를 공부할 땐 연습을 많이 해야 한다, 그렇지 않으면 잘 배울 수 없다.

6. 인과복문

종속절에서는 이유나 원인을 설명하고, 주절에서는 그에 따른 결과를 나타낸다. 자주 쓰이는 형태로는 因为A, 所以B(A이기 때문에, 그래서 B하다); 由于A, 所以B(A이기 때문에, 그래서 B하다); 既然A, 就／那么B(기왕 A한 이상, B하다)

예 因为天气不好, 所以飞机改在明天起飞。
Yīnwèi tiānqì bù hǎo, suǒyǐ fēijī gǎi zài míngtiān qǐfēi.
날씨가 좋지 않아, 비행기가 내일 이륙하는 것으로 변경되었다.

由于时间的关系, 今天到这儿为止。
Yóuyú shíjiān de guānxi, jīntiān dào zhèr wéi zhǐ.
시간 관계상, 오늘은 여기까지만 하겠습니다.

7. 조건복문

종속절에서는 어떠한 조건을 나타내고, 주절에서는 그 결과를 나타낸다. 자주 쓰이는 형태로는 只要A , 就B(단지 A하면 곧 B하다); 只有A, 才B(오직 A해야만 비로소 B하다); 除了A以外, 都B(A을 제외하고, 모두 B하다(앞대상을 배제함)); 除了A以外, 还B(A이외에, 거기에다 또 B하다(앞 대상을 포함함)) ; 无论A, 都 / 也B (A하든지간에 예외없이, B하다)

예 只要你下功夫, 你就一定能学会。
Zhǐyào nǐ xià gōngfu, nǐ jiù yídìng néng xué huì.
네가 노력을 한다면, 반드시 배워서 할 수 있다.

除了他们以外, 我们都听懂了。
Chúle tāmen yǐwài, wǒmen dōu tīng dǒng le.
그들을 제외하고 우리 모두가 알아들었다.

8. 가정복문

종속절에서는 가정이나 가설을 나타내고, 주절에서는 가설이 실현될 경우 생길 수 있는 결과를 설명한다. 자주 쓰이는 형태로는 如果 / 要是 / 假如

A, 就B(만약 A하다면, 곧 B하다); 即使A, 也B(설사 A한다 할지라도, 그래도 B하다)

예 假如下午不下雨，我一定去。
Jiǎrú xiàwǔ bú xiàyǔ, wǒ yídìng qù.
만약 오후에 비가 안 오면, 내가 꼭 갈게.

即使你当时在场，恐怕也没有别的办法。
jíshǐ nǐ dāngshí zài chǎng, kǒngpà yě méi yǒu bié de bànfǎ.
설령 네가 그 때 그 자리에 있었다 해도, 별다른 방법이 없었을 것이다.

9. 목적복문

'~하기 위해 ~하다'란 뜻으로, 종속절은 어떤 목적을 나타내고, 주절에서는 그 목적을 이루기 위한 행동 등을 나타낸다. 자주 쓰이는 형태로는 为 / 为了A, B(A하기 위해서, B하다); A, 为的是B(A하는 것은, B하기 위해서이다); A, 好B(A하여, B하도록 하다) 등이 있다.

예 为了学习英语，我买了一本英韩词典。
Wèile xuéxí yīngyǔ, wǒ mǎi le yì běn yīnghán cídiǎn.
영어 공부를 하기 위해 나는 영한 사전 한 권을 샀다.

告诉我李健在哪儿，我好找他去。
Gàosu wǒ lǐjiàn zài nǎr, wǒ hǎo zhǎo tā qù.
그를 잘 찾으러 가도록, 나에게 리젠이 어디 있는지 알려줘.

부록

본문해석

연습문제 해답

새로운 단어 정리

제 1과 행복한 가정

(1) 중국인의 가정관념

중국인들의 가정 관념은 매우 강하다. 과거 전형적인 중국 가정은 3대 심지어 4대까지 한 집에 함께 살았는데, 전가족이 10여 명이 되었다. 젊은이들은 결혼을 하면 계속해서 부모님과 함께 살려고 하는데, 이렇게 하면 그들은 노인들을 돌볼 수 있고, 노인들은 그들을 도와 아이들을 돌볼 수 있다. 노인을 존경하고 어린이를 사랑하는 것은 중국인의 전통적인 미덕이다. 원만하고 화목한 대가족은 사람들의 존경과 칭찬을 받을 것이다.

사회가 발전하면서 중국의 가정 구조에 변화가 생겼다. 점점 더 많은 젊은 사람들이 결혼 후에 부모님을 떠나 독립해서 살고 있지만, 명절이나 휴일마다 부모님을 찾아뵈어야 한다. 부모가 아프거나 나이가 들어 혼자 살 수 없을 때, 자녀는 부모를 자신의 집으로 데려와 돌봐줄 것이다.

(2) 행복한 집

짜오청, 짱윈 이 부부를 화제로 올리면, 그들을 아는 이웃들은 모두 부러워하는 눈빛을 나타낼 것이다. 부러워하는 것은 얼마나 큰 집에 사는지, 매달 수입이 얼마인지가 아니라 부부가 20여년 동안 동고동락하고, 서로 돕고, 윗어른에게 효도하고, 딸을 잘 보살피며, 이웃과 사이좋게 지내는 것이다.

무엇이 행복한 가정인지는 사람마다 각기 이해를 달리 한다. 짜오청은 가정은 무에서 유로, 작은 것에서 큰 것으로 가는 과정이라고 여긴다. 이 과정은 반드시 모든 가족이 함께 경영해야 한다고 생각한다. 이러한 경영은 물질적인 것 뿐만 아니라, 더 많게는 정신적인 것이다. 예를 들면, 공통의 재미나 취미를 길러서, 좋은 가정 분위기를 만드는 것이다. 여기에는 부모들이 어떻게 아이들과 어울리고, 어떻게 아이들을 교육하는지가 포함된다. 그들의 딸은 이미 고등학교 3학년이어서, 비록 공부가 바쁘지만, 학업 이외의 시간은 부모님을 도와서 가사일을 분담하고, 부모와 대화하는데, 이것은 곧 오랜 기간 좋은 소통의 통로를 유지한 결과이다. 그러므로 학부모라면 아이의 학업 성적에만 신경을 쓸 것이 아니라, 아이의 정신적 욕구에 더 신경을 써야 한다.

짜오청 부부는 집안이 부유하지 않아도 되지만 반드시 따뜻해야 한다고 생각한다. "가화만사성", 하나의 화목한 가정은 매 가족 구성원이 진실하게 사람을 대하고 서로 존경하고 사랑하는 것이다. 서로 알고 있다는 것은 일종의 인연인데, 같은 집에서 일생을 함께 보낼 수 있음은, 지난 생에서부터 닦아온 인연이다. 짜오칭, 짱윈의 가정은 평범하다. 그러나 그들의 가정의 행복에 대한 이해와 정의는 도리어 우리들이 배울만한 것이다.

제2과 대학생활

(1) 어떻게 대학공부를 할까

대학 입학을 앞둔 많은 신입생들에게 있어서, 대학생활은 다양하고 다채로운 활동으로 채워야 하지만, 어떤 이들은 대학에 가면 공부를 열심히 해야 한다고 여긴다. 이에 대해 선배들은 신입생들에게 "공부는 대학 생활의 일부이지만 전부는 아니다."라고 말한다.

대학 1학년이 되면 공부 스트레스가 크지 않기 때문에, 신입생들은 동아리 활동에 많이 참가하고 친구들을 많이 사귀며, 활동 중에 자신의 성격과 능력 및 미래의 계획에 대한 초보적인 명확한 인식이 있어야 하지만, 전공과목 공부에 지장을 주면 안된다. 대학교 2학년 3학년은 공부에 더 많은 힘을 쏟아 자신을 위해 멋진 성적표를 받을 수 있도록 해야 한다. 4학년은 자신의 미래에 대한 비전을 세우고, 취업을 위해 노력한다. 계획을 세우고, 많은 경험을 쌓아야 비로소 침착하게 대학생활을 잘할 수 있다.

(2) 대학 시절을 소중히 여기다

4년의 대학생활에서 학생들이 가장 후회하는 일은 무엇인가? 한 조사에서 47.1%의 대학생들이 "직업에 필요한 기능을 익히지 못하였다"고 답하였는데, 각 항목의 일등으로 선택되었으며, "공부를 잘 못했다", "감정 문제를 제대로 처리하지 못했다"가 뒤를 이었다.

모 대학 4학년인 류양은 인터뷰 중에서 직업 기술을 제대로 익히지 못하고, 사회 실천 경험이 부족했던 것을 후회하였고, 직장을 잡아야할 때에 이르러서야 비로소 다른 사람과 경쟁할 수 있는 능력이 별로 없다는 사실을 깨달은 것을 후회하였다. 류양은 자신과 학우들의 교류에 근거해서, 이하의 몇가지 일이 대학생의 시간을 가장 낭비하는 것이라고 결론내었다. 즉, 늦잠 자기, TV 시청하기, 게임하기, 연애하기, 그리고 무의미한 동아리 활동 등.

조사를 통하여 많은 대학생들이 대학 시절을 헛되이 보내는 것에 대하여 경각심을 갖고 있지만, 단지 졸업 후에 대한 비전이 부족하기 때문에, 대학 4년을 어떻게 보내야 할지에 대해 막막해 한다. 상대적으로 수업에 여유가 있는 대학 캠퍼스에서 시간을 효율적으로 관리하고 대학 생활을 충실하게 하면서 또 졸업 후 구직을 위해 실천경험을 어떻게 쌓을 수 있을까? 전문가들은 대학생들이 다음과 같은 몇 가지 방면에서 할 수 있다고 조언한다. 즉, 우선 마음을 추스르고, 되도록 빨리 대학 생활에 녹아들어야 한다. 두번 째로는, 졸업 후 진로를 미리 계획하고, 대학 1학년 때부터 실천해야 한다. 다음으로는 사회 실천에 많이 참여하여, 적극적으로 인턴을 겸직하고, 인턴십 활동에서 자신의 직업적 흥미점을 찾고, 미리 자신의 직업 생활에 대한 명확한 인식을 가질 수 있어야 한다.

제3과 편리하고 빠른 교통

(1) 나는듯이 달리는 고속열차

2012년 12월 26일 오전에 징광 고속철도가 정식으로 개통되었다. 징광 고속열차는 현재 세계에서 가장 긴 거리를 운행하는 고속철도로써, 베이징으로부터 북에서 남으로 중국의 30개 가까운 도시를 거쳐 광저우까지 2298km를 달린다. 징광 고속열차가 개통된 이후 베이징에서 광저우까지 최고 속도로 8시간밖에 걸리지 않고, 예전보다 13시간이 단축되었다.

2008년 중국 최초의 고속열차인 징진 도시간 고속철도가 개통된 이래, 현재는 징광 고속열차가 개통하였고, 중국의 고속철도는 4년을 거치면서 빠르게 발전했다. 고속열차의 등장으로, 사람들의 외출이 더욱 편리해졌을 뿐만 아니라, 중국경제의 빠른 발전을 더욱더 추진하였다.

(2) 처음으로 고속열차를 타다

베이징에서 우리 고향으로 가는 고속열차가 개통되었다. 구정 때 집에 돌아갈 때, 나는 망설임 없이 고속열차표 한 장을 구매하였고, 시간당 350km의 나는듯한 속도를 직접 체험해 볼 준비를 했다.

처음으로 고속열차를 타게 되어서 마음이 흥분되었고, 마침내 "날개 없는 비행기"를 타게 되었다. 플랫폼에 들어서자 커다란 탄두머리 같은 백색 열차가 한 대 보였고, 열차의 앞에는 큰 글씨로 세개의 글자 "허시에하오"가 적혀 있었다. 객실 안으로 들어서자마자 고속열차와 다른 기차의 차이를 느꼈다. 아늑한 환경, 깔끔한 객실이라 즐겁고 편안한 느낌을 받았다.

좌석 또한 편안하고 넓으며, 머리위치에 작은 베개가 있고, 좌석 아래쪽에는 발판이 있고 옆에는 팔걸이가 있으며, 또한 접고 뺄 수 있는 작은 테이블이 있다. 마치 비행기의 좌석과 비슷하다.

출발 시간이 되자, 고속열차는 레일 위를 천천히 미끄러져 나가기 시작했고, 1분도 채 되지 않아 기차의 속도는 시속 80킬로미터까지 올라갔다. 객실 문에는 기차의 속도를 표시하는 스크린에 숫자가 계속 번쩍였고, 5분이 지나자 기차의 속도는 곧 설계한 최대 속력인 시속

350km / h에 도달했다. 열차는 번개처럼 쏜살같이 앞을 향해 달려갔지만, 내가 있는 객실 안은 매우 평온하고 조용하게 느껴졌다. 만약에 창밖의 경치가 바뀌는 것을 보지 않았다면, 열차가 움직이는 것을 느끼지 못했을 것이다. 차창을 따라서 밖을 내다보니, 창밖의 나무와 산수는 내가 뚜렷하게 보기도 전에 눈앞을 빠르게 스쳐 지나갔다.

고속열차의 속도가 정말 너무 빨라서, 예전에는 보통 열차로 6시간 이상을 타야 고향에 도착할 수 있었는데, 지금은 두시간 반 만에 도착하다니, 아직도 나의 흥분이 완전히 가라앉지 않았다. 고속열차가 생겨서, 우리의 여행은 정말 많이 편리해졌다.

제4과 중국을 마음껏 유람하다

(1) 오악명산

중국의 명산대천은 셀 수 없이 많은데, 그 중에서도 오악이 가장 유명하다. 오악은 중국 5대 명산의 총칭으로 동악 태산(산둥성에 있음), 서악 화산(샨시성에 있음), 남악 형산(후난성에 있음), 북악 항산 (산시성에 있음), 중악 숭산(허난성에 있음)이 있으며, 그 중에서도 동악 태산을 으뜸으로 한다. 이 다섯 산이 중국인들의 추앙을 받는 것은, 단지 빼어난 자연경관 때문만 아니라 그것들에 담긴 중국의 수천 년 역사 문화 때문이다.

"오악을 보고오면 다른 산을 보지 않는다"는 속담은 중국인들의 마음속에서 '오악'의 위상을 엿볼 수 있는 대목이다.

(2) 북경 2일 여행

작년 여름방학에 나는 친구와 함께 중국의 수도인 베이징을 여행했다.

베이징을 여행할 때, "고궁"은 반드시 가야 하는 명소이다. 고궁은 중국 명, 청 2대의 황궁으로 이미 오백여 년의 역사가 있다. 고궁의 면적은 매우 크며, 9000여 채의 방이 있는 것으로 알려져 있어, 하루종일 둘러봐도 다 볼 수 없다고 한다. 고궁에는 고대 진귀한 예술품이 대량으로 보존되어 있다. 그 정교하고 아름다운 예술품들을 보고서 나는 옛사람들의 뛰어난 수공예 기술에 깊이 감탄했다.

고궁에서 나온 후, 나와 친구는 베이징의 또 다른 명소인 이화원을 관람했다. 이화원은 청나라 황제가 휴식과 놀이에 사용했던 화원으로, 경치가 매우 아름답다. 이화원에는 728m의 긴 복도가 있고, 긴 복도의 들보에는 선명한 색채의 채색화가 가득하다. 이 채색화들에는, 다양한 꽃과 나무들이 있고, 이름을 부를 수 없는 동물들도 많이 있고, 또한 많은 인물의 이야기를 그린 그림들이 있다. 긴 복도를 나서면 곤명호가 나온다. 우리는 배를 타고 호수에서 노닐었고, 이화원의 아름다운 경치를 감상하였다. 나는 매우 홀가분하고 유쾌했다.

다음날 이른 아침, 나와 친구는 오랫동안 가고싶어했던 만리 장성으로 출발했다. "만리장성에 가보지 못하면 대장부가 아니다"라는 말을 듣곤 했는데, 우리도 이번에는 장성을 한번 올라가서, 진정한 사내대장부가 되겠다! 장성에 도착하기도 전에 나는 이미 차 안에서 먼 곳의 구불구불한 만리장성이 용처럼 산 위를 빙빙 돌고 있는 것을 보았다. 우리는 만리장성의 밑에서부터 위로 올라가기 시작했는데, 한층한층 올라가는 계단에서는, 한 눈에 머리(위)를 볼 수 없었다. 우리는 겨우 30분을 올랐는데, 지쳐서 숨을 가쁘게 몰아쉬었다. 만리장성은 1만여 리나 된다고 하니, 내가 장성을 다 오를 수는 없을 것 같다.

베이징에서 이틀밖에 놀지 못했지만, 나에게 깊은 인상을 주었다. 나중에 기회가 되면 꼭 다시 베이징으로 여행을 갈 것이다.

제5과 즐거운 명절 보내세요

(1) 중국에서의 "서양 명절"

서양 명절은 현대의 중국인들에게 낯설지 않다. 크리스마스, 발렌타인 데이, 만우절 등 서양 명절은 중국에서 점점 더 많은 젊은이들의 열광적인 사랑을 받고 있다.

매년 12월이 되면 중국 각 대·중도시의 쇼핑몰내에서 새로운 장식의 크리스마스 트리, 만면에 웃는 모습의 산타클로스와 다양한 크리스마스 선물을 볼 수 있다. 밸런타인데이 그날이 되면 대형상점마다 대규모 판매촉진활동을 진행하고, 초콜릿이 가장 눈에 띄는 곳에 진열되며, 장미꽃의 가격은 이 날 배로 뛴다.

비록 많은 중국 젊은이들이 서양 명절을 지내지만, 그들 대부분은 이러한 서양 명절에 내포된 의미와 유래를 알지 못하며, 그들은 단지 서양 명절을 지내는 것을 감정 표현의 수단으로 간주할 뿐이다. 가족 모임의 의미에서 말한다면 "서양 명절"의 의미는 중국인 자신의 전통 명절에 비할 바가 못된다. 예를 들면 구정과 추석이 그러하다.

(2) 중국의 전통 명절

중국의 전통 명절은 매우 많은데, 비교적 중요한 것은 설날, 청명절, 단오절, 추석 네 가지이다.

중국의 음력 새해 첫날은 설날로서 중국인에게 가장 중요한 전통 명절이다. 설날의 전날 밤은 섣달 그믐이라고 하는데, 이 밤은 집집마다 춘련을 붙이고, 폭죽을 터뜨리며, 온 가족이 함께 제야 음식을 먹는다. 설날에는 사람들이 서로 세배를 하고, 집안 어른들은 손아랫사람에게 세뱃돈을 주며, 아이가 건강하게 자라도록 축복 한다. 명절 기간의 경축 활동은, 사자춤, 용춤과 장대다리춤, 모내기춤, 꽃등보기 등 다양하다.

청명절은 조상과 돌아가신 친족을 기리는 명절로, 통상 음력 3월 전후에 주요 기념의식은 조상에게 제사지내고 성묘하는 것이다. 옛날 중국인들은 이 날에 교외 산보, 그네 뛰기, 연날리기 등의 활동을 하였다.

음력 5월 5일은 단오절로, 전염병과 질병을 예방하고, 역병을 피하고 독소를 몰아내고, 건강을 기원하는 민속 명절이다. 단오절의 유래에 관하여 영향이 가장 큰 견해는 2천여 년 전에 강에 투신하여 죽은 충신 굴원을 기린다는 것이다. 사람들은 굴원이 죽은 후, 배를 타고 가서 그의 시체를 인양하고, 물고기와 새우가 굴원의 몸을 먹지 않도록, 쫑즈를 물 속에 던졌다. 단오를 지내는 행사는 매우 다양한데, 비교적 보편적인 풍습은 용선 경주를 하고, 쫑즈를 먹는 것이다.

음력 8월 15일 추석은 중국에서 두 번째로 큰 전통 명절이다. 추석 저녁의 달은 둥그렇고, 이는 한 가족의 모임을 상징한다. 명절 밤에 모인 사람들은 함께 월병을 먹으며, 달을 감상하고 가족의 생활이 아름답고 원만하며, 행복하고, 평안하기를 기원한다.

제6과 즐거운 주말

(1) 어떻게 주말을 보내는가

생활의 리듬이 빨라지면서 생활, 일, 가정 등 여러 방면에서 오는 스트레스가 시간이 갈수록 점점 사람들을 괴롭힌다. 5일 동안 힘들게 일하고 공부한 후에, 적지 않은 사람들이 주말에는 여행, 오락 등 레저 활동을 통해 스트레스를 풀고 스스로를 자유롭게 해주려고 한다. 그러면 주말을 어떻게 보내야 신나게 놀고, 보람차게 지낼 수 있을까? 다음에서, 그들이 어떻게 주말을 보내는지 한번 볼까요?

장여사 : 평소 사무실에 앉아 있으면 신체 단련이 부족하기에, 주말에는 보통 체육활동을 하는데 등산, 수영, 구기 종목은 나의 필수 항목입니다.

왕선생 : 주말에는 몇 명의 친구들과 약속을 잡아 술집에 가서 앉아, 술을 마시면서 이야기하며, 일주일 간의 스트레스를 모두 날려버립니다.

미스송 : 여자애들은 모두 쇼핑을 좋아하는데, 저도 예외가 아닙니다. 주말이면, 저의 친한 친구와 큰 상점에서 몇시간동안 돌아다니기로 약속하는데, 설령 마땅한 물건을 사지 못할지라도 눈요기가 됩니다.

(2) 주말, 대자연을 품다

작년 우연한 기회에 야외 스포츠 클럽의 친구들을 알게 되었고, 큰 배낭을 메고 각지를 돌아다니는 이들의 모습을 보며 신선하다고 생각했었다. 그들 모두의 얼굴에 열정과 즐거움이 가득 차 있어서, 나는 매우 부러워 했었다. 그들의 선도아래, 한번 야외 캠핑에 참가한 적이 있는데, 이 활동에 나는 매우 큰 감명을 받았다. 처음으로 야외에서 만든 텐트에서 잠을 자고, 처음으로 모닥불에 둘러앉아 웃고 떠들었으며, 처음으로 허리에 안전띠를 묶어 다리 아래에서 급강하를 했으며, 처음으로 야외의 공기가 그렇게 상쾌하다는 것을 느꼈다 ……

주말에 집에서 컴퓨터를 보며 멍하게 있느니, 집을 나와 야외활동을 하는 것이 스스로의 심신 건강에 좋다고 생각한다. 나중에 나는 클럽에 가입해서 정회원이 되었고, 야외 장비 세트를 샀다. 날씨가 좋으면, 클럽은 주말 활동을 조직한다, 지난 주말에는 야외로 이틀 동안 캠핑을 갔고, 양을 통째로 구웠었다.

평소 여행과는 달리 텐트에서 자고, 야외 캠핑하는 것은 참가자들 서로간의 단결된 우애를 보여줄 수 있다. 많은 친구들이 너무 힘들게 살아간다고 말하지만, 사실 이런 피곤함은 심리적인 것으로부터 오는 것이고, 배낭을 메고 한 무리의 사람들과 이야기로 웃음꽃을 피우며 대자연의 품에 안길때, 모든 삶의 근심과 스트레스를 뒤로 버려두고, 명예와 이익, 금전 모든 것이 자신과 무관할 때, 이 때에야 비로소 당신은 진정으로 건강하고 즐거운 사람이 된다.

야외 운동은 나의 평범한 삶에 활력과 건강을 가져다 주었고, 내 마음을 좀 더 평화롭게 만들어 주었고, 내가 새로운 하루를 더 긍정적이고 낙관적으로 마주하게 만들었습니다.

제7과 건강한 생활

(1) 태극권을 하다

중국의 많은 곳에서 매일 아침마다 당신은 어떤 노인들이 태극권을 하고, 건강체조를 하며, 춤을 추는 것 등을 볼 수 있다. 중국의 노인들은 특히 태극권을 좋아한다. 태극권은 비교적 느린 운동으로, 노인들의 건강에 매우 좋다. 많은 노인들은 매일 함께 태극권을 하는 것을 좋아하는데, 이것은 신체를 단련할 수 있을 뿐만 아니라 서로 교류하고 새로운 친구들을 만날 수 있기 때문이다. 태극권은 운동장 임대도 필요 없고, 특별한 기구도 필요하지 않으며, 공원, 나무 아래, 광장, 강변에 공터 하나만 있으면 태극권이 가능하다. 만약 당신이 중국에 오신다면, 태극권을 꼭 좀 배워보세요.

(2) 서브 헬스

당신은 요즘 일이 긴장되나요? 공부에 스트레스를 많이 받습니까? 당신은 종종 잠을 못 이룹니까? 쉽게 지치지 않습니까? 입맛이 좋나요? 자주 감기에 걸립니까? 만약 당신의 대답이 모두 긍정적이라면, 당신은 주의를 기울여야 합니다. 당신은 아마 일종의 서브 헬스 상태에 있을 것입니다.

서브 헬스란 무엇인가? 서브 헬스는 질병과 건강의 중간쯤 되는 상태입니다. 비록 진짜 아픈 건 아니지만 신체와 정신 모두 별로 안좋은 상태입니다.

서브 헬스를 일으키는 원인에는 여러 가지가 있다. 현대인의 생활 리듬이 너무 빠르고, 스트레스가 많아, 오랫동안 긴장된 환경 속에 처해 있는 것이 주요 원인이고, 잘 조절하지 못한다면 서브 헬스 상황이 나타날 수 있다.

어떤 방법으로 서브 헬스를 막을 수 있을까요?

우선, 좋은 생활 습관을 길러야 한다.예를 들어, 정시에 식사를 해야 하고, 영양에 신경을 써야 하며, 아침식사를 거르거나, 폭음과 폭식, 편식 등은 모두 좋지 않은 습관이다. 충분한 수면시간을 확보하기 위해서, 성인은 하루에 최소 6-8시간은 자야 한다. 중국인들은 "일찍 자고 일찍 일어나는 것이 몸에 좋다"고 자주 말한다. 또, 금연하고 절주해야 한다.

다음으로 신체단련에 주의해야 한다. 현대인들은 하는 일이 바쁘기 때문에 휴식시간조차도 부족하고, 시간을 내서 신체 단련을 하는 것은 더 어렵다. 그러나 운동은 신체건강에 매우 중요할뿐 아니라, 심신을 자유롭게하고, 긴장된 정신을 조절할 수 있다.

마지막으로 일과 학습의 시간을 합리적으로 배정해야 한다. 일과 학습은 모두 중요하나, 생활의 일부분일 뿐이다. 일과 휴식의 결합이 가장 좋은 방법이다.

제8과 디지털 세계

(1) 대학입학 "4대 품목"

매년 9월은 중국 대학의 개학일이다. 이 때 뜨거워지는 곳은 캠퍼스뿐 아니라 각 대형상점이다. 최근 몇년간 중국에서 대학에 다니면서 전통의 생활용품, 예를 들면 트렁크, 시계, 침구 등을 제외하고 많은 신입생들은 4대 품목을 사야 한다. 즉, 핸드폰, 디지털레코더, 노트북PC, 디지털카메라. 조사에 따르면, 핸드폰은 99.2%의 대학생들에게 기본적으로 보급되어 있으며, 57.1%의 대학생들이 노트북PC를 가지고 있으며, 30.8%의 학생들이 디지털카메라를 가지고 있으며, 75.1%의 학생들이 Mp3 혹 Mp4를 소유하고 있으며, 조건이 좋은 학생들은 휴대용게임기나 ipad를 가지고 있다. “4대 품목”이 승급하여 “5대품목”이나 “6대품목”이 되기도 한다.

(2) 스마트폰이 생긴 이후

스마트폰이 생긴 이후에 짱훙은 그녀 스스로 핸드폰을 떠날 수 없다는 것을 발견했다. 그녀는 매일 아침 기상후에 첫번째 일이 핸드폰을 만지는 일이다. 몇 시인지 보고, 웨이보를 좀 (밀어)보고, 뉴스를 좀 읽는다. 출근할 때에 시간이 나면 핸드폰을 들어서 시간을 확인할 뿐 아니라 때때로 문자가 왔는지, 수신전화를 받지 않았는지 등을 확인한다. 식사전에 반드시 핸드폰으로 요리를 찍어, 웨이보(중국판 트위터)나 웨이신(중국판 카카오톡)에다가 올린다. 화장실에 갈 때에 핸드폰을 들고서 뉴스를 본다. 잠자기전 마지막으로 하는 일은 등을 끄는 것이 아니라 핸드폰을 내려놓는 것이다. 만약 핸드폰에 전원이 부족하면 짱훙은 좌불안석이다. 한편으로 무료하고 또 한편으로는 어떤이가 자신을 찾을지, 흘려버린 중요한 소식은 없는지 걱정한다.

스마트폰이 생긴이후, 리밍은 그의 아들이 그와 대화하는 시간이 적어졌다는 것을 발견했다. 아이가 고등학교에 진학한 후 학교에서 살기 시작했고, 리밍은 아들에게 i-phone5을 사주었다. 이전에 주말에 아들이 학교에서 집으로 돌아오면, 가족이 함께 밥을 먹는데 아들은 식탁에서 언제나 리밍과 대화하고, 학교에서의 재미있는 일과 공부의 상황을 말했었다. 현재는 달라졌는데, 아들이 밥먹을 때에 한 손은 젓가락을 들고, 한 손은 빠르게 핸드폰 화면위에서 움직인다. 정신을 집중하고 어느 때는 웃기시작한다. 리밍이 매우 불쾌하여 아들에게 말하기를, 다시 이렇게 한다면 핸드폰을 몰수할 것이라고 했다. 예상하지 못하게도 아들은 몰수당한다는 말을 듣자, 흥분해서 길길이 뛰면서 한바탕 그(리밍)와 싸웠다.

제9과 물건을 좀 고르다

(1) 외출 없이 천하를 구매하다

빠링허우와 지우링허우에게 있어서, 거리를 거닐면서 물건을 사는 것은 주말을 가다려야만 가능한 것은 아니다. 그들 부모세대와 다르게, 그들은 집에 머물면서 인터넷쇼핑을 하는 것을 더 좋아한다. 중국에서 인터넷쇼핑은 시간이 갈수록 더 보급되고 있다. 당신은 인터넷상에서 살 수 있는 거의 모든 물건을 살 수 있다. 디지털가전, 일용잡화, 음식특산품, 복장악세사리, 있어야 할 것은 다 있다. 국내외상품을 막론하고 외출하지 않고 주문할 수 있다. 택배회사는 최단시간내에 당신의 손안에 배달한다. 인터넷쇼핑 서비스는 시간이 갈수록 좋아지고 있다. 구매한 물건이 문제가 생겨도 판매자와 연락하여 물건을 무르든지, 돈으로 바꿀 수 있다.

(2) 집에서 사장이 되다.

샤오린은 대학졸업 이후 무역회사의 채용에 응모해서 직원이 되었다. 회사의 대우는 좋기는 한데 매우 바쁘고, 스트레스 또한 크다. 어느 때는 일을 마치기 위해서 점심식사할 시간도 없다. 처음에는 샤오린은 견딜 수 있었는데, 이후에 몸이 점점 더 견딜 수 없었다. 여러번의 고려끝에 회사를 사직하고 스스로 사장이 되기로 결정하였다. 원래 그는 번화가에서 점포를 임대해서 수입상품을 팔려고 했는데, 위치가 좋은 점포는 임대료가 특히 비싸다는 것을 알고서, 졸업한지 얼마안된 그는 모아놓은 돈이 얼마 없기에, 이 생각(창업)을 잊기로 했다.

그가 고민할 때에 친구가 알려주기를, 집에서 온라인점포를 개설해서 사장이 될 수 있다고 하였다. 친구의 도움아래 샤오린은 잽싸게 타오바오왕에 작은 점포를 등록하고, 전문적으로 수입상품을 판매하였다. 그는 이전의 무역회사와 연계하여 공장가의 가격으로 상품을 인수하였다. 점포 임대료가 없기 때문에 원가가 높지 않고, 샤오린의 온라인점포의 상품가격은 실제점포보다 많이 저렴했다. 물건좋고, 가격싼 상품을 누가 좋아하지 않겠는가! 얼마 지나지 않아서 샤오린의 점포는 인기가 생겼고, 장사도 갈수록 잘 되었다. 지금 매일 찾아오는 고객이 매우 많아서, 샤오린 혼자는 응대할 수 없어서, 한두명의 고객담당 직원을 고용해서 온라인점포의 사업을 맡도록할 예정이다. 샤오린은 비록 창업이 일정정도의 위험이 있지만 회사에서의 일에 비하면 많이 자유롭다고 느낀다. 당신의 생각은 어떤가요?

제10과 '웨이'시대

(1) 웨이보(중국판 트위터)를 보다

어디에서 최신의 소식과 실시간 뉴스를 볼 수 있는가? tv를 보고 라디오 듣는 것을 제외하고, 지금 매우 유행하는 사교 네트워크 플랫폼(예 : 웨이보)이 있다. 웨이보상에서 관중으로서 당신이 관심있는 소식을 찾아볼 수 있고, 발표자로서 웨이보상에 내용을 발표할 수 있다. 발표하는 내용은 일반적으로 비교적 간단한데, 140자 이내로 제한된다. 당연히 사진, 동영상 등을 공유할 수 있다. 웨이보상에서 당신은 언제나 당신이 보고들은 바를 발표할 수 있고, 팬들을 끌어들이고, 셀럽 혹은 일반인에 주목할 수 있고, 그들의 웨이보에 평론을 하든지 그 내용을 전달할 수 있다. 이렇기 때문에 전파속도가 빠른 것이 웨이보의 가장 큰 특징이다. 만약 당신이 200만의 청중이 있다면, 당신이 올린 소식은 순식간에 200만 명에게 전파될 수 있다.

(2) 웨이신(중국판 카카오톡)은 일종의 생활 방식이다.

당신은 이런 경험이 있습니까? 당신의 핸드폰안에 몇백 명의 명단이 있으나, 무료해서 사람과 대화하고자 할 때 누구에게 연락해야 할지 모르는 상황, 당신은 운동을 좋아하는데 주말에 누가 당신과 볼을 치기를 원하는지 모르는 상황, 옛 친구와 만나는데 오랫동안 연락하지 않아서 적당한 화제를 찾지 못하는 상황, 당신의 학교에 몇천 심지어 몇만 명의 학생이 있는데 당신은 당신 반의 학생들만 알고 있는 상황.

공부하는 데에 바빠서, 일이 바빠서, 현대사회의 생활리듬이 점점 빨라져서, 사람마다 자신을 자기의 작은 범위에 가두고 있다. 시간이나 기회가 없어서, 익숙한 사람 이외의 사람을 제외하고 앞집에 사는 사람도 모른다. 또 동료의 흥미나 취미도 모른다. 같은 도시에 사는 지인이라 하더라도 바쁘기 때문에 점점 연락하지 않고 있다.

웨이신의 출현은 이런 생활방식을 파괴하였다. 웨이신을 통하여서 친구를 찾을 수 있고, 지인의 최근상황을 이해할 수 있다. (스마트폰을)흔들어 보면 생면부지의 사람과 사귈 수 있고, 당신의 부근에 어떤 사람이 있는지 알 수 있는데, 아마도 당신들은 같은 사무실에서 일하고 있을 수도 있다. 똑같이 케익가게의 단것을 좋아할 수 있고, 똑같이 운동을 좋아하는 운동매니아일 수도 있으며, 모두 중국어를 배우고 있는 중일 수도 있다.

매사람마다 주위에 형형생색의 지인이나 생소한 이가 있고, 모두들 각자 자기의 생활을 영위한다. 그리고 웨이신은 마침 또다른 종류의 생활방식을 시작하였다.

제11과 연애와 결혼

(1) 나의 첫사랑

나는 미국인이다. 내가 중국에서 유학할 때에 한국여자를 알게 되었는데 그녀는 나보다 중국어를 잘했다. 나는 자주 그녀에게 중국어에 대해서 가르침을 부탁했었다. 나는 중국어를 그렇게 잘하지 못했고, 한국어를 할줄 몰랐다. 그녀와 소통하기 위해서 나는 중국어를 열심히 공부했고, 가끔 한국드라마를 보았다. 이렇게 그녀와 대화할 때에, 우리들은 중국어에 대해서 대화할뿐 아니라 한국에 대해서도 대화하였다. 내가 한국드라마를 본다는 것을 그녀가 알게 되었을 때에, 그녀는 매우 놀라는 모습이었고, 매우 기뻐하였다. 이렇게 우리는 천천히 익숙해졌고, 서로에 대해서 호감을 가지게 되었다. 안타깝게도 유학한 시간은 단지 일년이었고, 일년이후에 나는 미국으로 돌아왔고, 그녀는 한국으로 돌아갔다.

비록 우리는 서로를 좋아했지만, 이후에 만날 기회가 많지 않을 것이라고 알았었다. 우리들은 단지 서로의 아름다운 기억속에 남아있을 뿐이다.

(2) 무엇이 "셩뉘" 인가

셩뉘는 중국의 고령 미혼 청년 여성이 얻은 새로운 칭호이다. 그녀들은 30여세이고, 대부분 고학력 고수입이고 총명하며, 아름다우며, 조건이 좋다. 엄친딸(피부 희고, 부유하고, 예쁜)이라고 말할 수 있으나, 배우자를 찾지 못하여 아직 결혼하지 못했다.

중국에서 많은 사람들이 여성은 27세 이전에 결혼해서 아이를 낳아야 한다고 여긴다. 27세가 넘어 아직 결혼을 하지 않으면, 셩뉘로 변한다. 그녀들보다 나이가 많은 이들은 이미 10세 미만의 자식이 있고, 그녀들보다 나이가 적은 이들도 기쁘게 시집간다. 오직 그녀들만이 남겨졌다.

이론적으로 보면 이 높은 품질의 여성이 배우자를 얻는 것은 문제가 되지 않는다. 그러나 현실생활에서 시간이 갈수록 많은 직장여성에게 있어서 그녀에게 어울리는 다른 한쪽을 찾기는 쉽지 않다. 왜 그러한가? 그녀들은 모두 좋은 교육을 받았고, 능력이 좋고, 자기의 일이 있고, 생활에서 자기의 꿈이 있다, 그녀들은 당연히 그녀들과 수준이 비슷하게 높은 남성들을 찾기 원한다. 그러나 이런 남성들은 그녀들과 함께 생활하기에는 스트레스가 크다고 말한다. 뿐만아니라 두사람 모두 자기의 일을 추구하고, 가정을 위해서 희생하는 사람이 없다고 한다. 그러나 셩뉘는 능력이 좋지 않은 남성과는 결혼하고 싶어하지 않는다. 결혼을 위한 결혼을 원하지 않는다. 그녀들 중 대다수는 단지 기다려야 한다고 믿는다. 자기의 천상배필을 기다릴 수 있다고 한다, 사랑을 위한 결혼을 위하여.

제12과 일자리를 구하고 취직하다

(1) 직장을 찾다

직장을 구하는 것은 다른 일과 마찬가지로 방법과 기교가 있다. 먼저 자신을 이해해야 한다. 자신의 지식, 기능, 성격, 취미 및 신체상황 등. 직장을 구하기 전에 당신은 필히 자기에 대해 전면적으로 알아야 한다, 자신이 무엇을 할 수 있는지, 무엇을 하는데 적합하지 않은지, 눈은 높은데 능력이 없어서는 안된다. 다음으로 선택한 직업과 업종을 이해해야 하며, 근무처의 업무 내용, 업무 성질과 요구를 이해해야 한다. 친구 중에서 상관업무를 해본 사람에게 유관

한 상황에 대해 배워서, 지피지기해야 한다. 자신과 업무에 대한 이해를 한 기초 위에, 마지막으로 구직에 나서야 한다. 채용박람회에 참가할 수 있고, 인터넷상에 이력서 등을 넣는 방식으로 면접의 기회를 잡아야 한다.

(2) 가장 환영받는 직업

어떤 일이 가장 좋은가? 사람마다 해답이 다 다를 것이다.어떤 사람은 급여가 높은 것이 가장 중요하고, 많은 돈을 벌어야 일이 비로소 가치가 있다고 한다, 어떤 이는 발전가능성을 첫번째로 친다. 좋은 직업은 반드시 사람으로 하여금 끊임없이 발전하도록 할 수 있어야 한다고 한다. 어떤 이는 가장 고려하는 것이 일하는 환경이다. 좋은 환경은 일하는 사람으로 하여금 좋은 마음 상태를 유지하게 하고. 일할 때 효율이 높다. 어떤 이는 결사적으로 대도시에 남으려고 한다. 북경, 상해, 광주에서 붐비는 나날을 보낼지언정, 자기의 고향으로 돌아가려하지 않는다. 어떤 이는 안정적인 일을 원하고, 어떤이는 도전적인 일을 원한다. 어떤 이는 바쁜 일을 원하고, 어떤 이는 여유있는 일을 원한다.

중국에서 가장 환영받는 직업은 이하 몇가지이다.

1. 공무원. 일이 안정적이고, 복지처우가 비교적 좋을뿐 아니라 일반적으로 자주 야근할 필요가 없다. 일의 스트레스도 크지 않다. 매년 공무원시험은 수많은 사람들이 참가한다.

2. 교사. 다른 직업과 비교하면, 교사의 가장 큰 장점은 겨울여름방학이라는 두 개의 휴가가 있다는 것이다. 이외에 정부는 매년 교사의 복지처우를 높이고 있다. 이는 교사라는 직업이 점점더 환영받게 만들고 있다.

3. 기업가. 기업가는 자신의 회사가 있다. 자신의 사업이나 꿈을 이루기 위해 분투하는데, 비록 창업 과정에 위험이 있지만, 스스로 사장이 되는 것은 많은 화이트칼라 직장인의 최종 목표이다.

연습문제 해답

제1과

(一)

01. (1) 三代, 四代　(2) 照顾　(3) 随着

02. (1) X　(2) O　(3) O

03. (1) C　(2) C

(二)

01. (1) 虽然, 但是　(2) 对, 对　(3) 家和万事兴

02. (1) D　(2) C　(3) B

03. (1) O　(2) X　(3) O

제2과

(一)

01. (1) 只有, 才　(2) 即将　(3) 由于

02. (1) C　(2) C　(3) A

03. (1) 为自己争取到一张漂亮的成绩单。　(2) 新生应该多参加学生社团活动。

(二)

01. (1) 首先, 其次　(2) 虚度　(3) 拿得出手

02. (1) A　(2) A

03. (1) 刘洋总结出以下几件事情最浪费大学生的时间。
(2) 对如何度过大学四年存在一定的迷茫。

제3과

(一)

01. (1) 京广高速铁路　(2) 不仅, 更

02. (1) C　(2) B

03. (1) O　(2) X　(3) O

(二)

01. (1) 一, 就　(2) 小靠枕, 脚踏板, 扶手, 小桌板　(3) 如果, 甚至

02. (1) B　(2) C

03. (1) 我在车厢里感觉非常平稳安静。　(2) 我的兴奋劲儿还没完全下去呢。

04. (1) X　(2) O

제4과

(一)

01. (1) 五岳归来不看山　　(2) 之所以, 是因为

02. (1) C　　(2) A

03. (1) "五岳"是中国五大名山的总称　　(2) 从中可以看出"五岳"在中国人心中的地位。

(二)

01. (1) 即便, 也　　(2) 颐和园

02. (1) A　　(2) C

03. (1) 我深深佩服古人高超的手艺技术。 (2) 我们这次也要爬一回长城, 当真正的"好汉"!

04. (1) O　　(2) O

제5과

(一)

01. (1) 对于, 来说　　(2) 比不上

02. (1) C　　(2) B

03. (1) 巧克力被摆在最显眼的位置。　　(2) 洋节在中国受到越来越多的年轻人追捧。

(二)

01. (1) 春节, 清明节, 端午节, 中秋节　　(2) 端午节　　(3) 象征着

02. (1) C　　(2) A

03. (1) 长辈要给晚辈压岁钱。　　(2) 人们划着船去打捞他的尸体。

04. (1) O　　(2) O

제6과

(一)

01. (1) 缓解, 放松　　(2) 边, 边

02. B

03. (1) 那么怎样过周末才能玩得尽兴呢?　　(2) 把一个星期的压力全部赶走。

(二)

01. (1) 与其, 不如　　(2) 在, 下, 着, 了　　(3) 只要, 就

02. B

03. (1) 第一次感觉到户外的空气是那么清新。
    (2) 上个周末我们去野外露营了两天。
    (3) 户外运动让我更加积极乐观地面对每个新的一天。

제7과

(一)

01. (1) 太极拳 (2) 如果, 也

02. (1) 太极拳对老年人的健康很有好处。 (2) 只要有一块空地, 就可以打太极拳。

03. (1) X (2) X

(二)

01. (1)亚健康 (2) 连, 都 , 更别说

02. (1) C (2) B (3) C

03. (1)你会不会常常失眠? (2) 一个成年人一天最少要睡六到八个小时。
(3)运动可以让人放松身心。

제8과

(一)

01. (1) 校园, 商场 (2) 占到

02. (1) A (2) B

03. (1) 手机在大学生中基本普及。 (2) "四大件"升级成为 "五大件"或"六大件"。

(二)

01. (1) 离不开 (2) 一方面, 另一方面

02. (1) C (2) C

03. (1)儿子和他大吵了一架。 (2) 儿子说说学校里有趣的事情和学习的情况。
(3)一有空就拿起手机看看时间

04. (1) 下去 (2) 下来

제9과

(一)

01. (1) 80后, 90后 (2) 即使, 也

02. (1) 网上购物已经越来越普及。 (2) 你可以跟卖家联系退货或者换货。

03. (1) 到 (2) 到

(二)

01. (1) 是, 不过 (2) 虽然, 但是

02. (1) B (2) C

03. (1) 为了完成任务, 连午饭都没时间吃。 (2) 小林很快在淘宝网注册了一家小店。

04. (1) 吃不消 (2) 应付不了

제10과

(一)

01. (1) 微博 (2) 也

02. (1) 你可以关注名人或草根。 (2) 传播速度快是微博最大的特点。

03. (1) X (2) O

(二)

01. (1) 却 (2) 甚至 (3) 即使, 也

02. (1) 每个人都把自己关在自己的小圈子里 (2) 微信的出现, 打破了这一种生活方式。

03. (1) O (2) O

제11과

(一)

01. (1) 为了 (2) 当, 时, 显得

02. (1) C (2) D

03. (1) 我们不仅可以聊汉语, 还可以聊聊韩国。
    (2) 我们慢慢熟悉起来, 对彼此也有好感。

(二)

01. (1) 成 (2) 下来

02. (1) C (2) D

03. (1) 她们难以找到与自己般配的另一半。 (2) 她们中大多数人都相信只要等待。

04. (1) O (2) X

제12과

(一)

01. (1) 和, 一样 (2) 在, 上

02. (1) D (2) D

03. (1) 你一定得知道自己能做什么。 (2) 在网上投简历等方式争取面试机会。

(二)

01. (1) 把, 放 (2) 宁愿, 也

02. (1) D (2) D

03. (1) 什么工作最好? (2) 有人考虑最多的是工作环境
    (3) 好的环境会让人保持好心情

04. (1) O (2) O

새로운 단어

A		
爱护	àihù	애호하다 (5급)
安排	ānpái	안배하다, 일을 처리하다 (4급)
B		
白富美	báifùměi	엄친딸 [피부가 희고 돈 많고 예쁜 여자]
白领	báilǐng	화이트칼라 계층, 정신 노동자 계층
拜年	bàinián	신년을 축하하다, 세배하다 (6급)
般配	bānpèi	짝이 맞다, 어울리다
帮扶	bāngfú	도와주다
帮助	bāngzhù	돕다, 원조하다, 보좌하다 (2급)
包括	bāokuò	포괄하다, 포함하다 (5급)
保持	bǎochí	유지하다, 지키다 (5급)
保存	bǎocún	보존하다 (5급)
保险	bǎoxiǎn	보험 (5급)
暴食	bàoshí	폭식하다
暴饮	bàoyǐn	폭음하다
爆竹	bàozhú	폭죽
背包	bēibāo	배낭
被褥	bèirù	이불, 침구
本来	běnlái	본래, 원래 (4급)
本领	běnlǐng	재능, 기량 (5급)
比不上	bǐbushàng	비교할 수 없다, 비교가 되지 않다
彼此	bǐcǐ	상호, 서로 (5급)
必须	bìxū	반드시 …해야 한다, 꼭 …해야 한다 (3급)
变成	biànchéng	…(으)로 변하다, …(으)로 되다
便捷	biànjié	간편하다, 빠르고 편리하다
并不	bìngbù	결코 …하지 않다, 결코 …이 아니다
不到长城非好汉	bú dào Chángchéng fēi hǎohàn	만리장성에 이르지 못하면 남자가 아니다
不断	búduàn	끊임없다, 계속해서, 부단히, 끊임없이
不仅仅	bùjǐnjǐn	…뿐만이 아니다, …만이 아니다

C		
彩画	cǎihuà	채색화
踩高跷	cǎi gāoqiāo	높은 나무다리를 타고 걷다
草根	cǎogēn	초근, 풀뿌리
产品	chǎnpǐn	제품 (5급)
尝试	chángshì	시도해 보다, 시험해 보다 (6급)
厂家	chǎngjiā	공장, 제조업자
场地	chǎngdì	장소, 운동장, 마당
车厢	chēxiāng	객실, 적재함, 수화물칸 (5급)
称号	chēnghào	칭호 (6급)
称赞	chēngzàn	칭찬하다 (명) 칭찬 (5급)
成本	chéngběn	원가, 자본금 (6급)
成家	chéngjiā	장가들다, 성가하다
成千上万	chéng qiān shàng wàn	수천수만, 대단히 많다
成为	chéngwéi	…이 되다, …(으)로 되다 (4급)
成型	chéngxíng	(부품, 제품 따위가) 형태를 갖추다
承载	chéngzài	적재 중량을 견디다
城际	chéngjì	도시 간의, 도시와 도시 사이의
吃不消	chībuxiāo	견딜 수 없다, 지탱할 수 없다
迟迟	chíchí	매우 늦도록, 느릿느릿
翅膀	chìbǎng	날개 (5급)
充满	chōngmǎn	가득차다, 충만하다, 넘치다 (5급)
充实	chōngshí	충분하다, 풍부하다 (동) 보강하다 (6급)
抽出	chōuchū	뽑아내다, 추출하다
抽烟	chōuyān	담배 피우다, 흡연하다 (4급)
出名	chūmíng	명성을 날리다, 유명하다, 이름나다
出现	chūxiàn	출현하다 (4급)
除夕	chúxī	섣달 그믐날 (5급)
处理	chǔlǐ	처리하다, (문제를) 해결하다 (5급)
处于	chǔyú	(사람, 사물이 어떠한 것에)처하다, 놓이다
传播	chuánbō	전파하다, 널리 퍼뜨리다 (5급)
传统	chuántǒng	전통 (5급)
创业	chuàngyè	창업하다 (6급)
春节	chūnjié	춘절, 음력 정월 초하루

春联	chūnlián	춘련
辞去	cíqù	작별하고 떠나다, 사직하다
聪明	cōngming	똑똑하다, 총명하다 (3급)
从容不迫	cóng róng bú pò	매우 침착하다, 허둥대지 않다
从无到有	cóng wú dào yǒu	무(無)에서 유(有)를 창조하다
促销	cùxiāo	판매를 촉진시키다
存在	cúnzài	존재, 존재하다 (5급)
D		
搭建	dājiàn	[천막, 건물 등을] 세우다, [부서, 단체 등을] 조직하다
答案	dá'àn	답안, 답 (4급)
打捞	dǎlāo	인양하다, 건져내다
打理	dǎlǐ	처리하다, 정리하다
打破	dǎpò	타파하다, 깨다, 때려부수다
打球	dǎqiú	공을 차다, 공놀이하다
打消	dǎxiāo	없애다, 끊다, 단념하다
大龄	dàlíng	나이가 많은
带动	dàidòng	움직이다, 이끌어 나가다
待遇	dàiyù	대우, 취급, 대우하다 (5급)
担心	dānxīn	걱정하다, 염려하다 (3급)
耽误	dānwù	일을 그르치다 (5급)
弹头	dàntóu	탄두 (子弹头列车 : 탄두형 고속열차)
蛋糕	dàngāo	케이크 (3급)
荡秋千	dàngqiūqiān	그네를 타다
到达	dàodá	도착하다, 도달하다 (5급)
得到	dédào	얻다, 획득하다
等到	děngdào···	때에는, ···때에 이르러
地位	dìwèi	(사회적) 위치, 지위 (5급)
典型	diǎnxíng	대표적인, 전형적인 (6급)
店面	diànmiàn	매장, 영업 공간
定义	dìngyì	정의 (6급)
独立	dúlì	독립하다 (명) 독립 (5급)
度过	dùguò	보내다, 지내다 (5급)
端午节	Duānwǔ Jié	단오절
短信	duǎnxìn	메시지 (4급)

锻炼	duànliàn	단련하다 (3급)
对象	duìxiàng	(연애, 결혼) 상대 (5급)
F		
发布	fābù	발포하다, 선포하다 (6급)
发愁	fāchóu	걱정하다, 근심하다 (5급)
发呆	fādāi	멍하다, 멍해지다 (6급)
发现	fāxiàn	발견, 발견하다 (3급)
发展	fāzhǎn	발전하다 (4급)
繁忙	fánmáng	번거롭고 바쁘다 (6급)
饭菜	fàncài	반찬
饭桌	fànzhuō	식탁
防疫	fángyì	방역하다, 전염병을 예방하다
防止	fángzhǐ	방지하다 (6급)
飞奔	fēibēn	나는 듯이 달리다
分别	fēnbié	구별, 식별, 구별하다, 식별하다 (5급)
分享	fēnxiǎng	함께 나누다
氛围	fēnwéi	분위기, 공기
奋斗	fèndòu	분투하다 (5급)
丰富多彩	fēng fù duō cǎi	풍부하고 다채롭다
风驰电掣	fēngchídiànchè	번개같이 빠르다, 바람처럼 신속하다
风险	fēngxiǎn	위험 (5급)
风筝	fēngzheng	연
扶手	fú · shou	난간, 손잡이, 팔걸이
服务	fúwù	근무하다, 서비스하다
服装	fúzhuāng	의류, 의상 (5급)
福利	fúlì	복지, 복리 (6급)
付出	fùchū	지출하다, 지불하다
富裕	fùyù	부유하다 , 부유하게 하다 (6급)
G		
赶走	gǎnzǒu	쫓아내다, 내쫓다
感冒	gǎnmào	감기 (3급)
感情	gǎnqíng	감정, 애정 (4급)
感受	gǎnshòu	영향을 받다, 느끼다, 느낌, 인상 (5급)
岗位	gǎngwèi	직책, 본분 (6급)

高超	gāochāo	출중하다, 특출나다, 뛰어나다 (6급)
高高兴兴	gāogāoxìngxìng	아주 즐겁다, 아주 유쾌하다
高铁	gāotiě	고속철도
各项	gèxiàng	각 항목, 각종, 여러 가지
根据	gēnjù	근거하다, 따르다, 근거 (3급)
工具	gōngjù	공구, 작업 도구 (5급)
工资	gōngzī	임금 (4급)
篝火	gōuhuǒ	모닥불, 횃불
购物	gòuwù	물건을 구입하다, 쇼핑하다 (4급)
古代	gǔdài	고대 (5급)
故宫	gùgōng	고궁 [북경(北京)에 있는 청(清)대의 궁전을 가리킴]
关注	guānzhù	주시하다, 관심을 가지다
观念	guānniàn	관념, 생각 (5급)
观众	guānzhòng	관중 (4급)
广播	guǎngbō	방송하다 (4급)
逛街	guàngjiē	쇼핑을 하다
规划	guīhuà	계획, 기획, 계획하다, 기획하다 (6급)
国内	guónèi	국내
过程	guòchéng	과정 (4급)
H		
含义	hányì	내포된 뜻, 담겨진 의미
韩剧	hánjù	한국드라마 ['韩国电视剧'을 줄인말]
行业	hángyè	직업, 직종 (5급)
毫不犹豫	háo bù yóu yù	전혀 주저하지 않다.
毫无	háowú	조금도(전혀) …이 없다 (6급)
好处	hǎochu	이로운 점, 장점 (4급)
合理	hélǐ	도리에 맞다, 합리적이다 (5급)
合适	héshì	적당하다, 알맞다 (4급)
和睦	hémù	화목하다. (6급)
后悔	hòuhuǐ	후회 , 후회하다 (4급)
互相	hùxiāng	서로, 상호 (4급)
户外	hùwài	야외, 실외
花灯	huādēng	정월대보름의 관상용 꽃 등
滑动	huádòng	미끄러지다

话题	huàtí	화제, 이야기의 주제 (5급)
皇帝	huángdì	황제 (6급)
皇宫	huánggōng	황궁
J		
积极	jījí	적극적이다, 열성적이다 (4급)
积蓄	jīxù	저축하다, 축적하다
积攒	jīzǎn	조금씩 모으다, 저축하다
基础	jīchǔ	토대, 기초, 기틀 (4급)
激动	jīdòng	(감정이) 격하게 움직이다, 흥분하다 (4급)
激情	jīqíng	열정, 열정적인 감정 (6급)
即将	jíjiāng	곧, 머지않아 (6급)
几乎	jīhū	거의, 하마터면 (3급)
记忆	jìyì	기억, 기억하다 (5급)
纪念	jìniàn	기념하다 (5급)
技能	jìnéng	기능, 솜씨
技巧	jìqiǎo	기교, 기예, 테크닉 (6급)
技术	jìshù	기술, 기교 (4급)
继续	jìxù	계속하다, 계속 (4급)
祭祖	jìzǔ	조상에게 제사 지내다.
加班	jiābān	초과 근무하다 (4급)
加快	jiākuài	빠르게 하다, 속도를 올리다
佳节	jiājié	즐거운 명절, 아름다운 명절
家电	jiādiàn	가전
家家户户	jiājiāhùhù	집집마다, 매 집마다
家庭	jiātíng	가정 (5급)
家务	jiāwù	가사, 집안일 (5급)
家乡	jiāxiāng	고향 (5급)
假期	jiàqī	휴가 기간
价格	jiàgé	가격 (4급)
价值	jiàzhí	가치 (5급)
嫁人	jiàrén	시집가다
坚持	jiānchí	견지하다, 유지하다 (4급)
兼职	jiānzhí	겸직, 겸직하다 (5급)
简短	jiǎnduǎn	간결하다, 간단하고 짧다

简历	jiǎnlì	이력서, 약력 (5급)
建议	jiànyì	건의하다, 제안하다 , 건의, 제안 (4급)
健身	jiànshēn	신체를 건강하게 하다. (5급)
渐渐	jiànjiàn	점점, 점차
交流	jiāoliú	교류하다, 서로 소통하다 (4급)
脚踏板	jiǎotàbǎn	발판, 디딤판
接到	jiēdào	받다, 입수하다
节日	jiérì	기념일, 명절 (3급)
节奏	jiézòu	리듬, 박자 (6급)
结构	jiégòu	구성, 구조, 조직 (5급)
结婚	jiéhūn	결혼하다 (3급)
结识	jiéshí	사귀다
金钱	jīnqián	금전, 돈
紧张	jǐnzhāng	긴장해 있다. 불안하다 (4급)
尽快	jǐnkuài	되도록 빨리 (5급)
进步	jìnbù	진보 , 진보하다 (5급)
近况	jìnkuàng	근황
经济	jīngj	경제 (4급)
经历	jīnglì	몸소 겪다, 체험하다, 경험, 경력 (4급)
经验	jīngyàn	경험, 경험하다, 체험하다 (4급)
经营	jīngyíng	경영하다 (5급)
惊讶	jīngyà	의아스럽다, 놀랍다 (6급)
精力	jīnglì	정력 (5급)
精神	jīngshén	정신 (5급)
精致	jīngzhì	세밀하다, 정교하다 (6급)
景点	jǐngdiǎn	경치가 좋은 곳
景色	jǐngsè	경치, 풍경 (4급)
警觉	jǐngjué	경각, 경계심
竞争	jìngzhēng	경쟁 , 경쟁하다 (4급)
就业	jiùyè	취직하다, 취업하다 (6급)
具有	jùyǒu	구비하다, 가지다
俱乐部	jùlèbù	클럽 (5급)
聚会	jùhuì	모임, 모이다, 집합하다 (4급)
聚精会神	jùjīnghuìshén	정신을 집중하다, 열중하다 (6급)

K		
开启	kāiqǐ	열다, 개방하다, 시작하다
开通	kāitōng	개통하다, 열다
看望	kànwàng	방문하다, 문안하다
考虑	kǎolǜ	고려, 고려하다 (4급)
靠枕	kàozhěn	허리 쿠션, 등받이 쿠션
可惜	kěxī	섭섭하다, 아쉽다, 유감스럽다 (4급)
渴望	kěwàng	갈망하다, 간절히 바라다 (6급)
客服	kèfú	고객 서비스, '客户服务'의 준말
客户	kèhù	고객 (6급)
肯定	kěndìng	확실히, 틀림없이, 확신하다 (4급)
空地	kòngdì	공간, 빈틈, 빈자리
空间	kōngjiān	공간 (5급)
快递	kuàidì	택배
宽敞	kuān·chang	넓다, 널찍하다 (6급)
宽松	kuānsōng	널찍하다, 여유가 있다, 홀가분하다
昆明湖	Kūnmínghú	쿤밍호 [중국 윈난성에 있는 호수 이름]
困扰	kùnrǎo	귀찮게 굴다, 괴롭히다
L		
来电	láidiàn	전화가 오다
来历	láilì	내력, 이력, 유래 (6급)
来自	láizì	…(로)부터 오다, …에서 나오다 (4급)
浪费	làngfèi	낭비하다, 헛되이쓰다. (4급)
劳逸结合	láo yì jié hé	(성) 노동과 휴식을 적당히 조절하다
老板	lǎobǎn	사장, 경영자 (5급)
老人	lǎorén	노인
乐观	lèguān	낙관적이다, 희망차다 (5급)
了解	liǎojiě	알다, 이해하다 (3급)
离不开	líbukāi	떨어질 수 없다, 벗어날 수 없다
离开	líkāi	떠나다, 벗어나다 (3급)
礼品	lǐpǐn	선물
里程	lǐchéng	이정, 노정
理解	lǐjiě	이해하다, 이해 (4급)
立刻	lìkè	즉시, 곧, 당장 (5급)

例如	lìrú	예를 들다, 예를 들면, 예컨데 (4급)
例外	lìwài	예외, 예외로 하다 (6급)
联系	liánxì	연락하다, 연결하다 (4급)
恋爱	liàn'ài	연애, 연애하다 (5급)
良好	liánghǎo	좋다, 양호하다 (5급)
列车	lièchē	열차 (5급)
邻居	línjū	이웃 사람 (3급)
浏览	liúlǎn	대충 훑어보다, 대강 둘러보다 (5급)
留学	liúxué	유학하다, 유학 (3급)
流露	liúlù	숨김없이 사실대로 나타내다 (6급)
龙舟	lóngzhōu	용처럼 장식한 배, 용선
露营	lùyíng	야영하다, 캠핑하다
掠过	luèguò	스쳐 지나가다
M		
忙碌	mánglù	서두르다, 바쁘게 하다 (6급)
没收	mòshōu	몰수하다
玫瑰花	méiguīhuā	장미
美景	měijǐng	아름다운 풍경
美丽	měilì	아름답다 (4급)
美满	měimǎn	아름답고 원만하다 (6급)
美食	měishí	맛있는 음식
迷茫	mímáng	묘망하다, 멍하다, 정신이 아득하다
面对	miànduì	마주 보다, 직면하다 (5급)
面积	miànjī	면적 (5급)
民俗	mínsú	민속
名利	mínglì	명예와 이익
名山大川	míngshāndàchuān	명산대천, 이름난 산과 큰내
明确	míngquè	(요구 따위가) 명확하다, 명확하게 하다 (5급)
陌生	mòshēng	생소하다, 낯설다 (5급)
目标	mùbiāo	목표, 표적 (5급)
目前	mùqián	지금, 현재 (5급)
N		
难以	nányǐ	…하기 어렵다
年夜饭	niányèfàn	섣달그믐날 저녁에 온 식구가 함께 먹는 음식

念头	niàntou	생각, 마음
宁愿	nìngyuàn	차라리 …할지언정, 설령 …할지라도 (6급)
扭秧歌	niǔyānggē	모내기 춤을 추다
农历	nónglì	음력 (6급)
努力	nǔlì	노력하다, 힘쓰다 (3급)
O		
偶然	ǒurán	우연히, 뜻밖에, 우연하다 (5급)
P		
爬山	páshān	등산하다, 등산 (3급)
盘旋	pánxuán	선회하다, 배회하다, 서성거리다 (6급)
培养	péiyǎng	배양하다, 양성하다 (5급)
佩服	pèifú	탄복하다, 감탄하다 (5급)
疲劳	píláo	피곤하다, 피로하다 (5급)
拼命	pīnmìng	죽을힘을 다하다, 목숨을 내걸다 (6급)
平安	píngān	평안하다, 무사하다 (5급)
平凡	píngfán	평범하다 (6급)
平行	píngxíng	동시에 일어나는, 동등한, 대등한 (6급)
平和	pínghé	평온하다, 차분하다, 온화하다
平台	píngtái	플랫폼, 건조대, 테라스
平稳	píngwěn	평온하다, 안정되어 있다
评论	pínglùn	평론하다, 비평하다 (6급)
屏幕	píngmù	영사막, 스크린 (6급)
普遍	pǔbiàn	보편적인, 일반적인, 널리 퍼져 있는 (4급)
普及	pǔjí	보급되다, 확산되다 (6급)
Q		
祈求	qíqiú	바라다, 간구하다, 간청하다
企业	qǐyè	기업 (5급)
起床	qǐchuáng	일어나다, 기상하다 (2급)
气喘吁吁	qìchuǎn xūxū	숨이 가빠서 식식거리는 모양
器材	qìcái	기자재, 기구, 기재 (6급)
亲人	qīnrén	직계 친족, 친척
亲自	qīnzì	몸소, 친히, 직접 (5급)
轻松	qīngsōng	홀가분하다, 수월하다, 부담이없다 (4급)
清明节	Qīngmíng Jié	청명절

清晰	qīngxī	뚜렷하다, 분명하다, 명석하다 (6급)
清闲	qīngxián	한가하다, 조용하고 한적하다
清新	qīngxīn	깨끗하고 새롭다
情况	qíngkuàng	상황 (4급)
情人节	Qíngrén Jié	발렌타인 데이
庆祝	qìngzhù	경축하다 (5급)
求职	qiúzhí	직업을 구하다, 일자리를 찾다
缺乏	quēfá	결핍되다, 결여되다 (5급)
R		
热爱	rèài	뜨겁게 사랑하다 (5급)
热闹	rènao	번화하다, 왁자지껄하다 (4급)
人气	rénqì	인기
认为	rènwéi	여기다, 생각하다, 생각, 이해, 의견, 견해 (3급)
任务	rènwu	임무, 책무 (4급)
日用百货	rìyòngbǎihuò	생활용품
融入	róngrù	융합되어 들어가다, 진출하다, 나아가다
如何	rúhé	어떻게, 어떠한가, 어째서 (5급)
S		
扫墓	sǎomù	성묘하다
色彩	sècǎi	색채 (5급)
闪动	shǎndòng	번쩍이다, 번쩍거리다
商业街	shāngyèjiē	상가
赏月	shǎngyuè	달구경하다, 달맞이하다
设计	shèjì	설계하다, 디자인하다, 설계, 디자인 (5급)
社会	shèhuì	사회 (4급)
社交	shèjiāo	사교
社团	shètuán	동아리
深刻	shēnkè	깊이가 있다, 핵심을 찌르다 (5급)
深深	shēnshēn	매우 깊이, 깊숙이
甚至	shènzhì	심지어 …까지도, …조차도 (4급)
升级	shēngjí	승급하다, 승진하다
生活	shēnghuó	생활하다, 생활 (4급)
生涯	shēngyá	생애, 생활, 일생
生意	shēngyì	장사, 영업 (4급)

圣诞节	Shèngdàn Jié	크리스마스, 성탄절
圣诞老人	Shèngdàn Lǎorén	산타클로스
圣诞树	shèngdànshù	크리스마스 트리
剩女	shèngnǚ	노처녀
尸体	shītǐ	시체 (6급)
失眠	shīmián	불면, 잠을 이루지 못하다 (5급)
失去	shīqù	잃다, 잃어버리다 (5급)
十分	shífēn	매우, 대단히, 충분히 (4급)
时不时	shíbùshí	자주, 늘, 언제나
时光	shíguāng	시간, 세월, 시기 (6급)
实践	shíjiàn	실천, 실행, 실천하다, 실행하다 (5급)
实时	shíshí	즉시, 실시간으로
实体	shítǐ	실체, 사물의 본질
事业	shìyè	사업 (6급)
饰品	shìpǐn	장신구
视频	shìpín	동영상 (6급)
适合	shìhé	적합하다, 알맞다, 적절하다 (4급)
收入	shōurù	받다, 받아들이다, 수입, 소득 (4급)
手艺	shǒu · yì	손재간, 솜씨 (6급)
首都	shǒudū	수도 (4급)
首位	shǒuwèi	수위, 제1위
首先	shǒuxiān	가장 먼저, 맨 먼저, 첫째 (4급)
受访	shòufǎng	인터뷰를 받다, 취재를 받다
舒适	shūshì	쾌적하다, 편하다 (5급)
熟人	shúrén	잘 알고 있는 사람, 단골손님
熟悉	shúxī	잘 알다, 익숙하다, 충분히 알다 (4급)
暑假	shǔjià	여름 방학
数不胜数	shǔbúshèngshǔ	일일이 다 셀 수 없다, 셀래야 셀 수 없다
数码	shùmǎ	디지털 (5급)
睡懒觉	shuì lǎnjiào	늦잠을 자다
睡眠	shuìmián	수면, 잠, 수면하다, 잠자다
瞬间	shùnjiān	순간, 눈 깜짝하는 사이 (6급)
说法	shuōfǎ	의견, 견해
说说笑笑	shuōshuō xiàoxiào	이야기로 웃음꽃을 피우다

俗话	súhuà	속담, 옛말 (6급)
随身听	suíshēntīng	휴대용 카세트
随时	suíshí	즉시, 제때, 언제나 (5급)
随着	suízhe	…따라서, …에 따라 (4급)
缩短	suōduǎn	단축하다, 줄이다 (5급)
所见所闻	suǒ jiàn suǒ wén	견문, 보고 들은 것
T		
踏青	tàqīng	답청하다
台阶	táijiē	층계, 계단 (5급)
太极拳	tàijíquán	태극권 (5급)
特产	tèchǎn	특산물
提到	tídào	언급하다, 끌어올리다, 말이 미치다
体现	tǐxiàn	구현하다 (5급)
体验	tǐyàn	체험, 체험하다 (5급)
甜点	tiándiǎn	단 빵이나 디저트
挑食	tiāoshí	편식하다
挑战	tiǎozhàn	도전, 도전하다 (5급)
条件	tiáojiàn	조건, 기준 (4급)
调查	diàochá	조사, 조사하다 (4급)
调节	tiáojié	조절하다 (6급)
调整	tiáozhěng	조절, 조절하다 (5급)
跳舞	tiàowǔ	춤을 추다 (2급)
铁轨	tiěguǐ	철도의 레일
听众	tīngzhòng	청중
通常	tōngcháng	통상, 보통, 평상시 (5급)
同堂	tóngtáng	일족이 함께 살다.
投入	tóurù	투입하다, 뛰어들다, 돌입하다 (5급)
图片	túpiàn	사진, 그림
团结友爱	tuánjiéyǒu'ài	서로 뭉치고 우애롭다
团聚	tuánjù	한자리에 모이다
团圆	tuányuán	단원
推崇	tuīchóng	숭배, 추앙, 숭배하다, 추앙하다
推进	tuījìn	추진하다
退货	tuìhuò	반품하다

W		
外贸	wàimào	대외 무역, '对外贸易'의 약칭
弯弯曲曲	wānwān qūqū	꼬불꼬불하다, 구불구불하다
晚辈	wǎnbèi	손아랫사람, 후배
微博	wēibó	'微博客'의 약칭 , 미니블로그
为首	wéishǒu	…를(을) 대표로 하다
围坐	wéizuò	둘러앉다
未婚	wèihūn	미혼의
位置	wèizhì	위치, 지위 (5급)
胃口	wèikǒu	위 (5급)
温馨	wēnxīn	온화하고 향기롭다
稳定	wěndìng	안정되다, 안정적이다 (5급)
无关	wúguān	무관하다, 상관없다
无聊	wúliáo	무료하다, 심심하다, 지루하다 (4급)
舞龙	wǔlóng	용춤 [정월 대보름에 추는 중국의 민속춤]
舞狮	wǔshī	사자춤
物美价廉	wù měi jià lián	물건도 좋고, 값도 싸다 (6급)
X		
吸引	xīyǐn	흡인하다, 빨아당기다 (4급)
洗手间	xǐshǒujiān	화장실 (3급)
鲜明	xiānmíng	분명하다, 선명하다 (6급)
显得	xiǎnde	드러나다, …하게 보이다 (5급)
显示	xiǎnshì	과시하다, 현시하다 (5급)
显眼	xiǎnyǎn	눈에 띄다, 두드러지다, 뚜렷하다
现实	xiànshí	현실, 현실적이다 (5급)
限制	xiànzhì	제한하다, 한정하다
羡慕	xiànmù	부러워하다, 흠모하다 (4급)
相比	xiāngbǐ	비교하다
相处	xiāngchǔ	함께 살다 (5급)
相机	xiàngjī	사진기
相信	xiāngxìn	믿다, 신뢰하다 (3급)
箱包	xiāngbāo	트렁크, 가죽 가방
项目	xiàngmù	항목, 종목, 사항 (5급)
象征	xiàngzhēng	상징, 상징하다 (5급)

消息	xiāoxi	소식, 기별 (4급)
小圈子	xiǎoquānzi	좁은 생활 범위, 소집단
效率	xiàolǜ	능률, 효율 (5급)
写字楼	xiězìlóu	[광동어] 사무소
心态	xīntài	심리 상태 (6급)
辛苦	xīnkǔ	고생스럽다, 고되다
欣赏	xīnshǎng	감상하다 (5급)
新闻	xīnwén	뉴스, 새 소식 (3급)
新鲜	xīnxiān	신선하다, 싱싱하다 (3급)
信息	xìnxī	소식, 정보 (4급)
形形色色	xíngxíngsèsè	형형색색의, 가지각색의
兴奋	xīngfèn	흥분하다, 흥분시키다 (4급)
性质	xìngzhì	성질, 성분 (5급)
休闲	xiūxián	한가하게 지내다, 한가롭게 보내다 (5급)
修炼	xiūliàn	수련하다, 단련하다
秀丽	xiùlì	수려하다, 아름답다
虚度	xūdù	헛되이 보내다, 허송세월을 하다
需求	xūqiú	요구되다, 수요 (6급)
许多	xǔduō	대단히 많은, 허다한 (4급)
寻找	xúnzhǎo	찾다 (5급)
迅速	xùnsù	신속하다, 재빠르다 (5급)
Y		
压力	yālì	스트레스, (추상적 의미의) 압력 (4급)
压岁钱	yāsuìqián	세뱃돈 (6급)
亚健康	yàjiànkāng	서브 헬스(sub-health)
眼福	yǎnfú	눈요기
眼高手低	yǎn gāo shǒu dī	눈은 높고 솜씨는 서툴다, 스스로 바라는 수준은 높지만 실제 능력은 부족하다
洋节	yángjié	서양에서 들어온 기념일
养成	yǎngchéng	양성하다, 길러지다 (4급)
野外	yěwài	야외, 교외
一大早	yīdàzǎo	이른아침
依靠	yīkào	의지하다, 기대다 (6급)
仪式	yíshì	의식 (6급)
颐和园	Yíhéyuán	이화원

以及	yǐjí	및, 그리고, 아울러 (5급)
以免	yǐmiǎn	…하지 않도록, …않기 위해서 (6급)
艺术品	yìshùpǐn	예술품
意义	yìyì	뜻, 의미 (5급)
引起	yǐnqǐ	(주의를) 끌다, 야기하다, 불러 일으키다 (4급)
印象	yìnxiàng	인상 (4급)
营养	yíngyǎng	영양, 양분 (5급)
营造	yíngzào	영조하다
应付	yìngfù	대응하다, 대처하다 (5급)
应该	yīnggāi	마땅히 …해야 한다, …하는 것이 마땅하다 (3급)
应有尽有	yīngyǒujìnyǒu	없는 것이 없다, 모두 갖추어져 있다
拥挤	yōngjǐ	한데 모이다, 한 곳으로 몰리다 (5급)
永远	yǒngyuǎn	영원히, 늘, 항상 언제나 (4급)
优美	yōuměi	우아하고 아름답다 (5급)
优势	yōushì	우세 (5급)
游览	yóulǎn	유람, 유람하다 (5급)
游戏	yóuxì	게임, 놀다, 장난치다 (3급)
有趣	yǒuqù	재미있다, 흥미 있다 (4급)
鱼虾	yúxiā	물고기와 새우
娱乐	yúlè	오락, 즐거움 (5급)
愉快	yúkuài	기분이 좋다, 유쾌하다 (4급)
愉悦	yúyuè	유쾌하고 기쁘다, 기쁨
愚人节	Yúrén Jié	만우절
原因	yuányīn	원인 (4급)
圆满	yuánmǎn	원만하다, 완벽하다, 훌륭하다 (6급)
愿意	yuànyì	동의하다, 희망하다 (3급)
月饼	yuèbǐng	월병[중국에서 중추절에 먹는, 소를 넣어 만든 음식]
月亮	yuèliang	달 (3급)
运营	yùnyíng	운행, 영업, 운행하다, 영업하다
Z		
再三	zàisān	여러 번, 재삼 (5급)
展开	zhǎnkāi	펴다, 펼치다, 전개하다 (5급)
站台	zhàntái	플랫폼
张望	zhāngwàng	엿보다, 들여다보다, 사방을 둘러보다

长辈	zhǎngbèi	손윗사람, 연장자 (5급)
长廊	chánglláng	긴 복도
长期	chángqī	장기, 긴 시간
帐篷	zhàngpeng	장막, 천막, 텐트 (6급)
招聘会	zhāopìnhuì	채용 박람회
照顾	zhàogù	돌보다, 보살펴 주다, 배려하다 (3급)
珍贵	zhēnguì	진귀하다, 귀중하게 여기다 (6급)
真命天子	zhēnmìngtiānzǐ	운명처럼 사랑하는 남자
真正	zhēnzhèng	진정한, 참된, 정말로, 진짜로 (4급)
争取	zhēngqǔ	쟁취하다, 얻다, 이룩하다 (5급)
整洁	zhěngjié	단정하고 깨끗하다
正好	zhènghǎo	딱맞다, 꼭 맞다, 마침 (4급)
正式	zhèngshì	정식의, 공식의 (4급)
政府	zhèngfǔ	정부 (5급)
之间	zhījiān	사이, 지간
知己知彼	zhī jǐ zhī bǐ	지피지기 '[知己知彼, 百战不殆]' 구절에서 유래
知识	zhīshi	지식 (4급)
直销	zhíxiāo	직접 판매하다, 직판하다
值得	zhídé	…할 만한 가치가 있다 (4급)
职业	zhíyè	직업 (4급)
职员	zhíyuán	직원
质量	zhìliàng	질량, 질과 양 (4급)
智能	zhìnéng	지능 (6급)
中秋节	Zhōngqiū Jié	추석
忠臣	zhōngchén	충신
周围	zhōuwéi	주위, 주변 (4급)
逐渐	zhújiàn	점점, 점차 (5급)
住校	zhùxiào	학교 기숙사에 살다
注意	zhùyì	주의하다, 조심하다, 주의, 조심 (3급)
祝福	zhùfú	축복, 축복하다 (5급)
转发	zhuǎnfā	전달하다, 발송하다
装备	zhuāngbèi	장비, 장착하다, 장치하다 (6급)
装饰	zhuāngshì	장식하다, 장식 (5급)
壮观	zhuàngguān	장관, 장관이다 (6급)

状况	zhuàngkuàng	상황, 상태, 형편 (5급)
状态	zhuàngtài	상태 (5급)
追捧	zhuīpěng	열광적으로 사랑을 받다
追求	zhuīqiú	추구하다, 사랑을 호소하다 (5급)
准时	zhǔnshí	정시에, 제때에 (4급)
咨询	zīxún	자문하다, 상의하다, 의논하다 (5급)
总称	zǒngchēng	총칭, 총칭하다
总结	zǒngjié	총괄, 총결산, 총괄하다, 총결산하다 (4급)
粽子	zongzi	쫑즈
走南闯北	zǒu nán chuǎng běi	각지를 돌아다니다
租金	zūjīn	임대료, 차임
足不出户	zúbùchūhù	집에서 떠나지 않다, 집밖으로 한 발짝도 나가지 않다
足够	zúgòu	충분하다
组织	zǔzhī	조직, 조직하다 (5급)
祖先	zǔxiān	선조, 조상 (6급)
最为	zuìwéi	제일, 가장
尊敬	zūnjìng	존경하다, 존경 (5급)
尊老爱幼	zūnlǎo àiyòu	노인을 존경하고, 어린이를 사랑하다
坐立不安	zuòlìbùān	안절부절 못하다
座椅	zuòyǐ	좌석